Cambridge Plain Texts

PASCAL

LES PROVINCIALES

(I, IV, V, XIII)

PASCAL

LETTRES ÉCRITES
A UN PROVINCIAL
(I, IV, V, XIII)

CAMBRIDGE
AT THE UNIVERSITY PRESS
1923

CAMBRIDGE UNIVERSITY PRESS
Cambridge, New York, Melbourne, Madrid, Cape Town,
Singapore, São Paulo, Delhi, Mexico City

Cambridge University Press
The Edinburgh Building, Cambridge CB2 8RU, UK

Published in the United States of America by Cambridge University Press, New York

www.cambridge.org
Information on this title: www.cambridge.org/9781107633605

First published 1923
Re-issued 2013

A catalogue record for this publication is available from the British Library

ISBN 978-1-107-63360-5 Paperback

CONTENTS

NOTE

THE origin of the *Provinciales* was on this wise. Cornelius Jansen († 1638), bishop of Ypres, had written, to counter the Jesuit Molina's teaching, a book called *Augustinus*, in which he deduced from the writings of St Augustine a theory of Grace and Predestination closely resembling Calvin's. His enemies discovered five propositions denying the universality of Grace and Redemption, for which they obtained papal censure. His disciples, chief of whom was Antoine Arnauld of Port-Royal, declared that the propositions (which they admitted to be heretical) were not in the book, but were invented by the Jesuits (it is a fact that only one is textually there). In 1655 Arnauld wrote two open letters, in which he made this charge and also courted attack by the statement (in itself a quotation from the Fathers) that Grace could fail a saint and had failed St Peter. For this he was accused of temerity and heresy before the Sorbonne (the Faculty of Divinity, of which he was doctor and fellow), and threatened with censure and expulsion. His friends urged him to win the public ear. Arnauld felt himself incapable of this and appealed to his young friend BLAISE PASCAL. Pascal, who had recently (1654) been "converted" from a life of scientific and social success and had thrown in his lot with the Port-Royalists, stood readily to arms. Between January 1656 and May 1657 he issued eighteen *Lettres écrites à un provincial* (soon known as *Les Provinciales* or *Les petites lettres*), which, if they could not save Arnauld, inflicted great damage on his foes. In the first three letters Pascal defends his friend from the dishonest combination of Molinists and Thomists, his object being to shew that no great theological question is at stake, but only the personal character and position of Antoine Arnauld. He then counter-attacks and in Letter IV begins a penetrating examination of the moral (or immoral) system of the Jesuits, which rises naturally from their perverted theory of Grace. So he continues until Letters XVII and XVIII, when he returns to Arnauld and the Jansenists, defending them from the charge of heresy. A nineteenth letter was begun in April 1657, but, for reasons which remain conjectural, Pascal stopped writing as abruptly as he had begun. He had indeed other business in hand—his work against the freethinkers, of which fragments survive in his *Pensées*.

The effect of the *Provinciales* was stunning and they have never really been answered. Of the pettiness and meanness of the Jesuit attack on Arnauld there can be no doubt. On Pascal's reading of Jesuit motives and principles generally, there is room for difference of opinion. It must be remembered that, while he is scrupulously honest in method, he is not a judge but an impassioned advocate who does not hesitate to take any advantage that presents itself to destroy a cause which he regards as poisonous. His conviction makes him often less than fair to the Jesuits, who equally with the Jansenists desired the welfare of men and the glory of God. Only, in their zeal to win the greatest number of souls they lowered the moral standard. It is the supreme merit of Pascal that in the *Provinciales* he recovered it.

H. F. S.

March, 1923.

The text here adopted is that of the original issue, with the spelling modernised.

LETTRE

ÉCRITE A UN PROVINCIAL
PAR UN DE SES AMIS.

Sur le sujet des disputes présentes de la Sorbonne.

De Paris, ce 23 Janvier, 1656.

Monsieur,

Nous étions bien abusés. Je ne suis détrompé que d'hier; jusque-là j'ai pensé que le sujet des disputes de Sorbonne étoit bien important, et d'une extrême conséquence pour la Religion. Tant d'assemblées d'une Compagnie aussi célèbre qu'est la Faculté de Paris, et où il s'est passé tant de choses si extraordinaires et si hors d'exemple, en font concevoir une si haute idée, qu'on ne peut croire qu'il n'y en ait un sujet bien extraordinaire. Cependant vous serez bien surpris quand vous apprendrez, par ce récit, à quoi se termine un si grand éclat; et c'est ce que je vous dirai en peu de mots, après m'en être parfaitement instruit.

On examine deux Questions; l'une de Fait, et l'autre de Droit.

Celle de Fait consiste à savoir si M. Arnauld est téméraire pour avoir dit dans sa seconde Lettre, "Qu'il a lu exactement le livre de Jansénius, et qu'il n'y a point trouvé les Propositions condamnées par le feu pape; et néanmoins que, comme il condamne ces Propositions en quelque lieu qu'elles se rencontrent, il les condamne dans Jansénius, si elles y sont."

La question est de savoir s'il a pu, sans témérité, témoigner par là qu'il doute que ces Propositions soient de Jansénius, après que Messieurs les Évêques ont déclaré qu'elles sont de lui.

On propose l'affaire en Sorbonne. Soixante et onze docteurs entreprennent sa défense, et soutiennent qu'il n'a pu répondre autre chose à ceux qui, par tant d'écrits, lui demandoient s'il tenoit que ces Propositions fussent dans ce livre, sinon qu'il ne les y a pas vues, et que néanmoins il les y condamne, si elles y sont.

Quelques-uns même, passant plus avant, ont déclaré que, quelque recherche qu'ils en aient faite, ils ne les y ont jamais trouvées, et que même ils y en ont trouvé de toutes contraires, en demandant avec instance que, s'il y avoit quelque docteur qui les y eût vues, il voulût les montrer ; que c'étoit une chose si facile, qu'elle ne pouvoit être refusée, puisque c'étoit un moyen sûr de les réduire tous, et M. Arnauld même ; mais on le leur a toujours refusé. Voilà ce qui se passa de ce côté-là.

De l'autre part se sont trouvés quatre-vingts docteurs séculiers, et quelque quarante Moines mendiants, qui ont condamné la Proposition de M. Arnauld sans vouloir examiner si ce qu'il avoit dit étoit vrai ou faux, et ayant même déclaré qu'il ne s'agissoit pas de la vérité, mais seulement de la témérité de sa Proposition.

Il s'en est de plus trouvé quinze qui n'ont point été pour la censure, et qu'on appelle indifférents.

Voilà comment s'est terminée la Question de Fait, dont je ne me mets guère en peine ; car, que M. Arnauld soit téméraire ou non, ma conscience n'y est pas intéressée. Et si la curiosité me prenoit de savoir si ces Propositions sont dans Jansénius, son livre n'est pas si rare, ni si gros, que je ne le puisse lire tout entier pour m'en éclaircir, sans en consulter la Sorbonne.

Mais, si je ne craignois aussi d'être téméraire, je crois que je suivrois l'avis de la plupart des gens que je vois, qui, ayant cru jusqu'ici, sur la foi publique, que ces Propositions sont dans Jansénius, commencent à se défier du contraire, par le refus bizarre qu'on fait de les montrer, qui est tel, que je n'ai encore vu personne qui m'ait dit les y avoir vues. De sorte que je crains que cette censure ne fasse plus de mal que de bien, et qu'elle ne donne à ceux qui en sauront l'histoire une impression tout opposée à la conclusion; car, en vérité, le monde devient méfiant, et ne croit les choses que quand il les voit. Mais, comme j'ai déjà dit, ce point-là est peu important, puisqu'il ne s'agit point de la Foi.

Pour la question de Droit, elle semble bien plus considérable, en ce qu'elle touche la foi. Aussi j'ai pris un soin particulier de m'en informer. Mais vous serez bien satisfait de voir que c'est une chose aussi peu importante que la première.

Il s'agit d'examiner ce que M. Arnauld a dit dans la même Lettre: "Que la grâce, sans laquelle on ne peut rien, a manqué à saint Pierre dans sa chute." Sur quoi nous pensions, vous et moi, qu'il étoit question d'examiner les plus grands principes de la Grâce, comme si elle n'est pas donnée à tous les hommes, ou bien si elle est efficace; mais nous étions bien trompés. Je suis devenu grand Théologien en peu de temps, et vous en allez voir des marques.

Pour savoir la chose au vrai, je vis M. N., Docteur

de Navarre, qui demeure près de chez moi, qui est, comme vous le savez, des plus zélés contre les Jansénistes; et comme ma curiosité me rendoit presque aussi ardent que lui, je lui demandai s'ils ne décideroient pas formellement que "la grâce est donnée à tous les hommes," afin qu'on n'agitât plus ce doute. Mais il me rebuta rudement, et me dit que ce n'étoit pas là le point; qu'il y en avoit de ceux de son côté qui tenoient que la grâce n'est pas donnée à tous; que les examinateurs mêmes avoient dit en pleine Sorbonne que cette opinion est *problématique*, et qu'il étoit lui-même dans ce sentiment: ce qu'il me confirma par ce passage, qu'il dit être célèbre, de saint Augustin: "Nous savons que la grâce n'est pas donnée à tous les hommes."

Je lui fis excuse d'avoir mal pris son sentiment, et le priai de me dire s'ils ne condamneroient donc pas au moins cette autre opinion des Jansénistes qui fait tant de bruit, "que la grâce est efficace, et qu'elle détermine notre volonté à faire le bien." Mais je ne fus pas plus heureux en cette seconde question. Vous n'y entendez rien, me dit-il, ce n'est pas là une hérésie: c'est une opinion orthodoxe: tous les Thomistes la tiennent; et moi-même l'ai soutenue dans ma Sorbonique.

Je n'osai lui proposer mes doutes; et même je ne savois plus où étoit la difficulté, quand, pour m'en éclaircir, je le suppliai de me dire en quoi consistoit l'hérésie de la proposition de M. Arnauld. C'est, ce me dit-il, en ce qu'il ne reconnoît pas que les justes aient le pouvoir d'accomplir les Commandements de Dieu en la manière que nous l'entendons.

Je le quittai après cette instruction; et, bien glorieux

de savoir le nœud de l'affaire, je fus trouver M. N., qui se porte de mieux en mieux, et qui eut assez de santé pour me conduire chez son beau-frère, qui est Janséniste, s'il y en eût jamais, et pourtant fort bon homme. Pour en être mieux reçu, je feignis d'être fort des siens, et lui dis: Seroit-il bien possible que la Sorbonne introduisît dans l'Église cette erreur, que "tous les justes ont toujours le pouvoir d'accomplir les Commandements?" Comment parlez-vous? me dit mon Docteur. Appelez-vous erreur un sentiment si Catholique, et que les seuls Luthériens et Calvinistes combattent? Eh quoi! lui dis-je, n'est-ce pas votre opinion? Non, me dit-il, nous l'anathématisons comme hérétique et impie. Surpris de cette réponse, je connus bien que j'avois trop fait le Janséniste, comme j'avois l'autre fois été trop Moliniste; mais, ne pouvant m'assurer de sa réponse, je le priai de me dire confidemment s'il tenoit que "les justes eussent toujours un pouvoir véritable d'observer les préceptes." Mon homme s'échauffa là-dessus, mais d'un zèle dévot, et dit qu'il ne déguiseroit jamais ses sentiments pour quoi que ce fût: que c'étoit sa créance; et que lui et tous les siens la défendroient jusqu'à la mort, comme étant la pure doctrine de saint Thomas et de saint Augustin, leur maître.

Il m'en parla si sérieusement, que je n'en pus douter; et, sur cette assurance, je retournai chez mon premier docteur, et lui dis, bien satisfait, que j'étois sûr que la paix seroit bientôt en Sorbonne: que les Jansénistes étoient d'accord du pouvoir qu'ont les justes d'accomplir les préceptes; que j'en étois garant, et que je leur ferois signer de leur sang. Tout beau! me dit-il; il faut être Théologien pour en voir le fin.

La différence qui est entre nous est si subtile, qu'à peine pouvons-nous la marquer nous-mêmes; vous auriez trop de difficulté à l'entendre. Contentez-vous donc de savoir que les Jansénistes vous diront bien que tous les justes ont toujours le pouvoir d'accomplir les Commandements: ce n'est pas de quoi nous disputons; mais ils ne vous diront pas que ce pouvoir soit *prochain*: c'est là le point.

Ce mot me fut nouveau et inconnu. Jusque-là j'avois entendu les affaires; mais ce terme me jeta dans l'obscurité, et je crois qu'il n'avoit été inventé que pour brouiller. Je lui en demandai donc l'explication; mais il m'en fit un mystère et me renvoya, sans autre satisfaction, pour demander aux Jansénistes s'ils admettoient ce pouvoir *prochain*. Je chargeai ma mémoire de ce terme; car mon intelligence n'y avoit aucune part. Et, de peur de l'oublier, je fus promptement retrouver mon Janséniste, à qui je dis incontinent, après les premières civilités: Dites-moi, je vous prie, si vous admettez le *pouvoir prochain*. Il se mit à rire et me dit froidement: Dites-moi vous-même en quel sens vous l'entendez, et alors je vous dirai ce que j'en crois. Comme ma connoissance n'alloit pas jusque-là, je me vis en terme de ne lui pouvoir répondre; et néanmoins, pour ne pas rendre ma visite inutile, je lui dis au hasard: Je l'entends au sens des Molinistes. A quoi mon homme, sans s'émouvoir: Auxquels des Molinistes, me dit-il, me renvoyez-vous? Je les lui offris tous ensemble, comme ne faisant qu'un même corps et n'agissant que par un même esprit.

Mais il me dit: Vous êtes bien peu instruit. Ils sont si peu dans les mêmes sentiments, qu'ils en ont de tout contraires. Mais étant tous unis dans le dessein de perdre M. Arnauld, ils se sont avisés de s'accorder de ce terme de *prochain*, que les uns et les autres diroient ensemble, quoiqu'ils l'entendissent diversement, afin de parler un même langage, et que, par cette conformité apparente, ils pussent former un corps considérable, et composer le plus grand nombre, pour l'opprimer avec assurance.

Cette réponse m'étonna; mais, sans recevoir ces impressions des méchants desseins des Molinistes, que je ne veux pas croire sur sa parole, et où je n'ai point d'intérêt, je m'attachai seulement à savoir les divers sens qu'ils donnent à ce mot mystérieux de *prochain*. Mais il me dit: Je vous en éclaircirois de bon cœur; mais vous y verriez une répugnance et une contradiction si grossière, que vous auriez peine à me croire. Je vous serois suspect. Vous en serez plus sûr en l'apprenant d'eux-mêmes, et je vous en donnerai les adresses. Vous n'avez qu'à voir séparément un nommé M. Le Moine et le Père Nicolaï. Je n'en connois pas un, lui dis-je. Voyez donc, me dit-il, si vous ne connoîtrez point quelqu'un de ceux que je vous vas nommer; car ils suivent les sentiments de M. Le Moine. J'en connus en effet quelques uns. Et ensuite il me dit: Voyez si vous ne connoissez point des Dominicains qu'on appelle nouveaux Thomistes; car ils sont tous comme le Père Nicolaï. J'en connus aussi entre ceux qu'il me nomma; et, résolu de profiter de cet avis, et de sortir d'affaire, je le quittai, et fus d'abord chez un des disciples de M. Le Moine.

Je le suppliai de me dire ce que c'étoit qu'*avoir le pouvoir prochain de faire quelque chose*. Cela est aisé, me dit-il: c'est avoir tout ce qui est nécessaire pour la faire, de telle sorte qu'il ne manque rien pour agir. Et

ainsi, lui dis-je, avoir le *pouvoir prochain* de passer une
rivière, c'est avoir un bateau, des bateliers, des rames,
et le reste, en sorte que rien ne manque. Fort bien,
me dit-il. Et avoir le pouvoir prochain *de voir*, lui
dis-je, c'est avoir bonne vue, et être en plein jour ; car
qui auroit bonne vue dans l'obscurité n'auroit pas le
pouvoir prochain de voir, selon vous, puisque la
lumière lui manqueroit, sans quoi on ne voit point.
Doctement, me dit-il. Et par conséquent, continuai-
je, quand vous dites que tous les justes ont toujours
le pouvoir prochain d'observer les Commandements,
vous entendez qu'ils ont toujours toute la grâce nécessaire pour les accomplir ; en sorte qu'il ne leur manque
rien de la part de Dieu. Attendez, me dit-il ; ils ont
toujours ce qui est nécessaire pour les observer, ou
du moins pour prier Dieu. J'entends bien, lui dis-je ;
ils ont tout ce qui est nécessaire pour prier Dieu de
les assister, sans qu'il soit nécessaire qu'ils aient
aucune nouvelle grâce de Dieu pour prier. Vous l'entendez, me dit-il. Mais il n'est donc pas nécessaire
qu'ils aient une grâce efficace pour prier Dieu ? Non,
me dit-il, suivant M. Le Moine.

Pour ne point perdre de temps, j'allai aux Jacobins,
et demandai ceux que je savois être des nouveaux
Thomistes. Je les priai de me dire ce que c'est que
pouvoir prochain. N'est-ce pas celui, leur dis-je, au-
quel il ne manque rien pour agir ? Non, me dirent-ils.
Mais, quoi ! mon Père, s'il manque quelque chose à ce
pouvoir, l'appelez-vous *prochain* ? et direz-vous, par
exemple, qu'un homme ait, la nuit, et sans aucune
lumière, le *pouvoir prochain de voir* ? Oui-dà, il l'auroit,
selon nous, s'il n'est pas aveugle. Je le veux bien, leur
dis-je ; mais M. Le Moine l'entend d'une manière

contraire. Il est vrai, me dirent-ils; mais nous l'entendons ainsi. J'y consens, leur dis-je; car je ne dispute jamais du nom, pourvu qu'on m'avertisse du sens qu'on lui donne. Mais je vois par là que, quand vous dites que les justes ont toujours le *pouvoir prochain* pour prier Dieu, vous entendez qu'ils ont besoin d'un autre secours pour prier, sans quoi ils ne prieront jamais. Voilà qui va bien, me répondirent mes Pères en m'embrassant, voilà qui va bien: car il leur faut de plus une grâce efficace qui n'est pas donnée à tous, et qui détermine leur volonté à prier; et c'est une hérésie de nier la nécessité de cette grâce efficace pour prier.

Voilà qui va bien, leur dis-je à mon tour; mais, selon vous, les Jansénistes sont Catholiques, et M. Le Moine hérétique; car les Jansénistes disent que les justes ont le pouvoir de prier, mais qu'il faut pourtant une grâce efficace; et c'est ce que vous approuvez. Et M. Le Moine dit que les justes prient sans grâce efficace; et c'est ce que vous condamnez. Oui, dirent-ils; mais M. Le Moine appelle ce pouvoir *pouvoir prochain*.

Mais quoi! mes Pères, leur dis-je, c'est se jouer des paroles de dire que vous êtes d'accord à cause des termes communs dont vous usez, quand vous êtes contraires dans le sens. Mes Pères ne répondirent rien; et sur cela, mon disciple de M. Le Moine arriva par un bonheur que je croyois extraordinaire; mais j'ai su depuis que leur rencontre n'est pas rare, qu'ils sont continuellement mêlés les uns avec les autres.

Je dis donc à mon disciple de M. Le Moine: Je connois un homme qui dit que tous les justes ont toujours le pouvoir de prier Dieu; mais que néanmoins ils ne prieront jamais sans une grâce efficace qui les détermine, et laquelle Dieu ne donne pas toujours à tous les justes. Est-il hérétique? Attendez, me dit mon Docteur; vous me pourriez surprendre. Allons donc doucement. *Distinguo*; s'il appelle ce pouvoir *pouvoir prochain*, il sera Thomiste, et partant Catholique; sinon, il sera Janséniste, et partant hérétique. Il ne l'appelle, lui dis-je, ni prochain, ni non prochain. Il est donc hérétique, me dit-il: demandez-le à ces bons Pères. Je ne les pris pas pour juges, car ils consentoient déjà d'un mouvement de tête; mais je leur dis: Il refuse d'admettre ce mot de *prochain* parce qu'on ne le veut pas expliquer. A cela, un de ces Pères voulut en apporter sa définition; mais il fut interrompu par le disciple de M. Le Moine, qui lui dit: Voulez-vous donc recommencer nos brouilleries? ne sommes-nous pas demeurés d'accord de ne point expliquer ce mot de *prochain*, et de le dire de part et d'autre sans dire ce qu'il signifie? A quoi le Jacobin consentit.

Je pénétrai par là dans leur dessein, et leur dis en me levant pour les quitter: En vérité, mes Pères, j'ai grand'peur que tout ceci ne soit une pure chicanerie; et quoi qu'il arrive de vos assemblées, j'ose vous prédire que, quand la Censure seroit faite, la paix ne seroit pas établie. Car, quand on auroit décidé qu'il faut prononcer les syllabes *pro chain*, qui ne voit que, n'ayant point été expliquées, chacun de vous voudra jouir de la victoire? Les Jacobins diront que ce mot s'entend en leur sens. M. Le Moine dira que c'est au sien; et ainsi il y aura bien plus de disputes pour l'expliquer que pour l'introduire: car, après tout, il n'y auroit pas grand péril à le recevoir sans aucun sens, puisqu'il ne peut nuire que par le sens. Mais

ce seroit une chose indigne de la Sorbonne et de la
Théologie d'user de mots équivoques et captieux sans
les expliquer. Car enfin, mes Pères, dites-moi, je vous
prie, pour la dernière fois, ce qu'il faut que je croie
pour être Catholique. Il faut, me dirent-ils tous ensemble, dire que tous les justes ont le *pouvoir prochain*,
en faisant abstraction de tout sens : *abstrahendo a sensu
Thomistarum, et a sensu aliorum Theologorum.*

C'est-à-dire, leur dis-je en les quittant, qu'il faut
prononcer ce mot des lèvres, de peur d'être hérétique
de nom. Car enfin est-ce que le mot est de l'Écriture?
Non, me dirent-ils. Est-il donc des Pères, ou des
Conciles, ou des Papes? Non. Est-il donc de saint
Thomas? Non. Quelle nécessité y a-t-il donc de le
dire, puisqu'il n'a ni autorité, ni aucun sens de lui-
même? Vous êtes opiniâtre, me dirent-ils : vous le
direz, ou vous serez hérétique, et M. Arnauld aussi,
car nous sommes le plus grand nombre : et, s'il est
besoin, nous ferons venir tant de Cordeliers, que nous
l'emporterons.

Je les viens de quitter sur cette solide raison, pour
vous écrire ce récit, par où vous voyez qu'il ne s'agit
d'aucun des points suivants, et qu'ils ne sont con-
damnés de part ni d'autre : "1. Que la grâce n'est pas
donnée à tous les hommes. 2. Que tous les justes ont
toujours le pouvoir d'accomplir les Commandements
de Dieu. 3. Qu'ils ont néanmoins besoin pour les
accomplir, et même pour prier, d'une grâce efficace
qui détermine invinciblement leur volonté. 4. Que
cette grâce efficace n'est pas toujours donnée à tous
les justes, et qu'elle dépend de la pure miséricorde
de Dieu." De sorte qu'il n'y a plus que le mot *prochain* sans aucun sens qui court risque.

Heureux les peuples qui l'ignorent! heureux ceux qui ont précédé sa naissance! Car je n'y vois plus de remède, si Messieurs de l'Académie ne bannissent par un coup d'autorité ce mot barbare de Sorbonne qui cause tant de divisions. Sans cela, la Censure paroît assurée : mais je vois qu'elle ne fera point d'autre mal que de rendre la Sorbonne méprisable par ce procédé, qui lui ôtera l'autorité qui lui est nécessaire en d'autres rencontres.

Je vous laisse cependant dans la liberté de tenir pour le mot *prochain*, ou non ; car j'aime trop mon prochain pour vous persécuter sous ce prétexte. Si ce récit ne vous déplaît pas, je continuerai de vous avertir de tout ce qui se passera.

Je suis, etc.

QUATRIÈME LETTRE

ÉCRITE A UN PROVINCIAL
PAR UN DE SES AMIS.

De Paris, ce 25 Février, 1656.

Monsieur,

Il n'est rien tel que les Jésuites. J'ai bien vu
des Jacobins, des Docteurs, et de toute sorte de gens;
mais une pareille visite manquoit à mon instruction.
Les autres ne font que les copier. Les choses valent
toujours mieux dans leur source. J'en ai donc vu un
des plus habiles, et j'y étois accompagné de mon fidèle
Janséniste, qui fut avec moi aux Jacobins. Et comme
je souhaitois particulièrement d'être éclairci sur le
sujet d'un différent qu'ils ont avec les Jansénistes,
touchant ce qu'ils appellent la *grâce actuelle*, je dis à
ce bon Père que je lui serois fort obligé s'il vouloit
m'en instruire; que je ne savois pas seulement ce que
ce terme signifioit, et je le priai de me l'expliquer.
Très volontiers, me dit-il; car j'aime les gens curieux.
En voici la définition. Nous appelons "grâce actuelle
une inspiration de Dieu par laquelle il nous fait connoître sa volonté, et par laquelle il nous excite à la
vouloir accomplir." Et en quoi, lui dis-je, êtes-vous
en dispute avec les Jansénistes sur ce sujet? C'est,
me répondit-il, en ce que nous voulons que Dieu donne
des grâces actuelles à tous les hommes à chaque tentation: parce que nous soutenons que, si l'on n'avoit
pas à chaque tentation la grâce actuelle pour n'y point

pécher, quelque péché que l'on commît, il ne pourroit jamais être imputé. Et les Jansénistes disent, au contraire, que les péchés commis sans grâce actuelle ne laissent pas d'être imputés : mais ce sont des rêveurs. J'entrevoyois ce qu'il vouloit dire ; mais, pour le lui faire encore expliquer plus clairement, je lui dis : Mon Père, ce mot de *grâce actuelle* me brouille ; je n'y suis pas accoutumé : si vous aviez la bonté de me dire la même chose sans vous servir de ce terme, vous m'obligeriez infiniment. Oui, dit le Père ; c'est-à-dire que vous voulez que je substitue la définition à la place du défini : cela ne change jamais le sens du discours ; je le veux bien. Nous soutenons donc, comme un principe indubitable, "qu'une action ne peut être imputée à péché, si Dieu ne nous donne, avant que de la commettre, la connoissance du mal qui y est, et une inspiration qui nous excite à l'éviter." M'entendez-vous maintenant ?

Étonné d'un tel discours, selon lequel tous les péchés de surprise, et ceux qu'on fait dans un entier oubli de Dieu, ne pourroient être imputés, je me tournai vers mon Janséniste, et je connus bien, à sa façon, qu'il n'en croyoit rien. Mais, comme il ne répondoit mot, je dis à ce Père : Je voudrois, mon Père, que ce que vous dites fût bien véritable, et que vous en eussiez de bonnes preuves. En voulez-vous, me dit-il aussitôt ; je m'en vas vous en fournir, et des meilleures : laissez-moi faire. Sur cela, il alla chercher ses livres. Et je dis cependant à mon ami : Y en a-t-il quelque autre qui parle comme celui-ci ? Cela vous est-il si nouveau ? me répondit-il. Faites état que jamais les Pères, les Papes, les Conciles, ni l'Écriture, ni aucun livre de piété, même dans ces derniers temps, n'ont parlé de cette sorte: mais que pour des Casuistes, et des nouveaux scolastiques, il vous en apportera un beau nombre. Mais, quoi! lui dis-je, je me moque de ces auteurs-là, s'ils sont contraires à la Tradition. Vous avez raison, me dit-il. Et à ces mots, le bon Père arriva chargé de livres; et m'offrant le premier qu'il tenoit: Lisez, me dit-il, la *Somme des Péchés* du Père Bauny, que voici, et de la cinquième édition encore, pour vous montrer que c'est un bon livre. C'est dommage, me dit tout bas mon Janséniste, que ce livre-là ait été condamné à Rome, et par les Évêques de France. Voyez, dit le Père, la page 906. Je lus donc, et je trouvai ces paroles: "Pour pécher et se rendre coupable devant Dieu, il faut savoir que la chose qu'on veut faire ne vaut rien, ou au moins en douter, craindre, ou bien juger que Dieu ne prend plaisir à l'action à laquelle on s'occupe, qu'il la défend, et nonobstant la faire, franchir le saut et passer outre."

Voilà qui commence bien, lui dis-je. Voyez cependant, me dit-il, ce que c'est que l'envie. C'étoit sur cela que M. Hallier, avant qu'il fut de nos amis, se moquoit du P. Bauny, et lui appliquoit ces paroles: *Ecce qui tollit peccata mundi*; "Voilà celui qui ôte les péchés du monde!" Il est vrai, lui dis-je, que voilà une rédemption nouvelle, selon le P. Bauny.

En voulez-vous, ajouta-t-il, une autorité plus authentique? Voyez ce livre du P. Annat. C'est le dernier qu'il a fait contre M. Arnauld; lisez la page 34, où il y a une oreille, et voyez les lignes que j'ai marquées avec du crayon; elles sont toutes d'or. Je lus donc ces termes: "Celui qui n'a aucune pensée de Dieu, ni de ses péchés, ni aucune appréhension, c'est-à-dire, à ce qu'il me fit entendre, aucune connoissance de l'obligation d'exercer des actes d'amour de Dieu, ou de contrition, n'a aucune grâce actuelle pour exercer ces actes; mais il est vrai aussi qu'il ne fait aucun péché en les omettant, et que, s'il est damné, ce ne sera pas en punition de cette omission." Et quelques lignes plus bas: "Et on peut dire la même chose d'une coupable commission."

Voyez-vous, me dit le Père, comme il parle des péchés d'omission, et de ceux de commission? car il n'oublie rien. Qu'en dites-vous? O que cela me plaît! lui répondis-je; que j'en vois de belles conséquences! Je perce déjà dans les suites: que de mystères s'offrent à moi! Je vois, sans comparaison, plus de gens justifiés par cette ignorance et cet oubli de Dieu que par la Grâce et les Sacrements. Mais, mon Père, ne me donnez-vous point une fausse joie? N'est-ce point ici quelque chose de semblable à cette *suffisance* qui ne suffit pas? J'appréhende furieusement le *distinguo*: j'y ai été déjà attrapé. Parlez-vous sincèrement? Comment! dit le Père en s'échauffant, il n'en faut pas railler. Il n'y a point ici d'équivoque. Je n'en raille pas, lui dis-je; mais c'est que je crains à force de désirer.

Voyez donc, me dit-il, pour vous en mieux assurer, les écrits de M. Le Moine, qui l'a enseigné en pleine Sorbonne. Il l'a appris de nous, à la vérité; mais il l'a bien démêlé. O qu'il l'a fortement établi! Il enseigne que, pour faire qu'une action soit *péché*, il faut que *toutes ces choses se passent dans l'âme*. Lisez et pesez chaque mot. Je lus donc en latin ce que vous verrez ici en françois: "1. D'une part, Dieu répand dans l'âme quelque amour qui la penche vers la chose commandée; et de l'autre part, la concupiscence rebelle la sollicite au contraire. 2. Dieu lui inspire la connoissance de sa foiblesse. 3. Dieu lui inspire la connoissance du Médecin qui la doit guérir. 4. Dieu lui inspire le désir de sa guérison. 5. Dieu lui inspire le désir de le prier et d'implorer son secours."

Et si toutes ces choses ne se passent dans l'âme, dit le Jésuite, l'action n'est pas proprement péché, et ne peut être imputée, comme M. Le Moine le dit en ce même endroit et dans toute la suite.

En voulez-vous encore d'autres autorités? En voici. Mais toutes modernes, me dit doucement mon Janséniste. Je le vois bien, dis-je; et, en m'adressant à ce Père, je lui dis: O mon Père, le grand bien que voici pour des gens de ma connoissance! Il faut que je vous les amène. Peut-être n'en avez-vous guère vu qui aient moins de péchés; car ils ne pensent jamais à Dieu; les vices ont prévenu leur raison: "Ils n'ont jamais connu ni leur infirmité, ni le médecin qui la peut guérir. Ils n'ont jamais pensé à désirer la santé de leur âme, et encore moins à prier Dieu de la leur donner"; de sorte qu'ils sont encore dans l'innocence baptismale, selon M. Le Moine. "Ils n'ont jamais eu de pensée d'aimer Dieu, ni d'être contrits de leurs péchés"; de sorte que, selon le P. Annat, ils n'ont commis aucun péché par le défaut de charité et de pénitence: leur vie est dans une recherche continuelle de toutes sortes de plaisirs, dont jamais le moindre remords n'a interrompu le cours. Tous ces excès me faisoient croire leur perte assurée; mais, mon Père, vous m'apprenez que ces mêmes excès rendent leur salut assuré. Béni soyez-vous, mon Père, qui justifiez ainsi les gens! Les autres apprennent à guérir les âmes par des austérités pénibles: mais vous montrez que celles qu'on auroit crues le plus désespérément

malades se portent bien. O la bonne voie pour être
heureux en ce monde et en l'autre! J'avois toujours
pensé qu'on péchât d'autant plus qu'on pensoit
moins à Dieu; mais, à ce que je vois, quand on a
pu gagner une fois sur soi de n'y plus penser du
tout, toutes choses deviennent pures pour l'avenir.
Point de ces pécheurs à demi, qui ont quelque amour
pour la vertu; ils seront tous damnés, ces demi-
pécheurs: mais pour ces francs pécheurs, pécheurs
endurcis, pécheurs sans mélange, pleins et achevés,
l'enfer ne les tient pas; ils ont trompé le diable à force
de s'y abandonner.

Le bon Père, qui voyoit assez clairement la liaison
de ces conséquences avec son principe, s'en échappa
adroitement; et, sans se fâcher, ou par douceur, ou par
prudence, il me dit seulement: Afin que vous entendiez
comment nous sauvons ces inconvénients, sachez que
nous disons bien que ces impies dont vous parlez se-
roient sans péché s'ils n'avoient jamais eu de pensées
de se convertir, ni de désirs de se donner à Dieu. Mais
nous soutenons qu'ils en ont tous; et que Dieu n'a
jamais laissé pécher un homme sans lui donner auparavant la vue du mal qu'il va faire, et le désir, ou
d'éviter le péché, ou au moins d'implorer son assis-
tance pour le pouvoir éviter: et il n'y a que les Jansénistes qui disent le contraire.

Eh quoi? mon Père, lui repartis-je, est-ce là l'hérésie
des Jansénistes, de nier qu'à chaque fois qu'on fait
un péché, il vient un remords troubler la conscience,
malgré lequel on ne laisse pas de *franchir le saut et de
passer outre?* comme dit le Père Bauny. C'est une
assez plaisante chose d'être hérétique pour cela. Je
croyois bien qu'on fût damné pour n'avoir pas de

bonnes pensées ; mais qu'on le soit pour ne pas croire
que tout le monde en a, vraiment je ne le pensois pas.
Mais, mon Père, je me tiens obligé en conscience de
vous désabuser, et de vous dire qu'il y a mille gens
qui n'ont point ces désirs, qui pèchent sans regret,
qui pèchent avec joie, qui en font vanité. Et qui peut
en savoir plus de nouvelles que vous? Il n'est pas
que vous ne confessiez quelqu'un de ceux dont je
parle ; car c'est parmi les personnes de grande qualité
qu'il s'en rencontre d'ordinaire. Mais prenez garde,
mon Père, aux dangereuses suites de votre maxime.
Ne remarquez-vous pas quel effet elle peut faire dans
ces libertins qui ne cherchent qu'à douter de la Religion? Quel prétexte leur en offrez-vous, quand vous
leur dites, comme une vérité de foi, qu'ils sentent, à
chaque péché qu'ils commettent, un avertissement et
un désir intérieur de s'en abstenir? Car n'est-il pas
visible qu'étant convaincus, par leur propre expérience,
de la fausseté de votre doctrine en ce point, que vous
dites être de foi, ils en étendront la conséquence à
tous les autres? Ils diront que si vous n'êtes pas
véritables en un article, vous êtes suspects en tous :
et ainsi vous les obligerez à conclure ou que la Religion
est fausse, ou du moins que vous en êtes mal instruits.

Mais mon second, soutenant mon discours, lui dit :
Vous feriez bien, mon Père, pour conserver votre doctrine, de n'expliquer pas aussi nettement que vous nous
avez fait ce que vous entendez par grâce *actuelle*. Car
comment pourriez-vous déclarer ouvertement, sans
perdre toute créance dans les esprits, "que personne
ne pèche qu'il n'ait auparavant la connoissance de
son infirmité, celle du Médecin, le désir de la guérison, et celui de la demander à Dieu?" Croira-t-on,

sur votre parole, que ceux qui sont plongés dans l'ava-
rice, dans l'impudicité, dans les blasphèmes, dans le
duel, dans la vengeance, dans les vols, dans les sacri-
léges, aient des véritables désirs d'embrasser la chas-
teté, l'humilité, et les autres vertus chrétiennes?

Pensera-t-on que ces Philosophes, qui vantoient si
hautement la puissance de la nature, en connussent
l'infirmité et le Médecin? Direz-vous que ceux qui
soutenoient, comme une maxime assurée, "que Dieu
ne donne point la vertu, et qu'il ne s'est jamais
trouvé personne qui la lui ait demandée," pensassent
à la lui demander eux-mêmes?

Qui pourra croire que les Épicuriens, qui nioient la
providence Divine, eussent des mouvements de prier
Dieu? eux qui disoient, "que c'étoit lui faire injure de
l'implorer dans nos besoins, comme s'il eût été capable
de s'amuser à penser à nous?"

Et enfin comment s'imaginer que les Idolâtres et
les Athées aient dans toutes les tentations qui les
portent au péché, c'est-à-dire une infinité de fois en
leur vie, le désir de prier le véritable Dieu, qu'ils
ignorent, de leur donner les véritables vertus qu'ils
ne connoissent pas?

Oui, dit le bon Père d'un ton résolu, nous le dirons;
et plutôt que de dire qu'on pèche sans avoir la vue
que l'on fait mal, et le désir de la vertu contraire, nous
soutiendrons que tout le monde, et les Impies et les
Infidèles, ont ces inspirations et ces désirs à chaque
tentation; car vous ne sauriez me montrer, au moins
par l'Écriture, que cela ne soit pas.

Je pris la parole à ce discours pour lui dire: Eh quoi!
mon Père, faut-il recourir à l'Écriture pour montrer
une chose si claire? Ce n'est pas ici un point de foi, ni

même de raisonnement; c'est une chose de fait: nous
le voyons, nous le savons, nous le sentons.

Mais mon Janséniste, se tenant dans les termes que
le Père avoit prescrits, lui dit ainsi: Si vous voulez,
mon Père, ne vous rendre qu'à l'Écriture, j'y consens;
mais au moins ne lui résistez pas: et puisqu'il est écrit,
"que Dieu n'a pas révélé ses jugements aux Gentils,
et qu'il les a laissés errer dans leurs voies," ne dites
pas que Dieu a éclairé ceux que les Livres sacrés nous
assurent "avoir été abandonnés dans les ténèbres et
dans l'ombre de la mort."

Ne vous suffit-il pas, pour entendre l'erreur de votre
principe, de voir que S. Paul se dit *le premier des
pécheurs*, pour un péché qu'il déclare avoir commis *par
ignorance, et avec zèle*?

Ne suffit-il pas de voir par l'Évangile que ceux qui
crucifioient J.-C. avoient besoin du pardon qu'il de-
mandoit pour eux, quoiqu'ils ne connussent point la
malice de leur action, et qu'ils ne l'eussent jamais
faite, selon S. Paul, s'ils en eussent eu la connoissance?

Ne suffit-il pas que Jésus-Christ nous avertisse qu'il
y aura des persécuteurs de l'Église qui croiront rendre
service à Dieu en s'efforçant de la ruiner, pour nous
faire entendre que ce péché, qui est le plus grand de
tous, selon l'Apôtre, peut être commis par ceux qui
sont si éloignés de savoir qu'ils pèchent, qu'ils croi-
roient pécher en ne le faisant pas? Et enfin ne suffit-il
pas que Jésus-Christ lui-même nous ait appris qu'il
y a deux sortes de pécheurs, dont les uns pèchent avec
connoissance, et les autres sans connoissance; et qu'ils
seront tous châtiés, quoiqu'à la vérité différem-
ment?

Le bon Père, pressé par tant de témoignages de

l'Écriture, à laquelle il avoit eu recours, commença à lâcher pied ; et laissant pécher les Impies sans inspiration, il nous dit : Au moins vous ne nierez pas que les justes ne pèchent jamais sans que Dieu leur donne... Vous reculez, lui dis-je en l'interrompant, vous reculez, mon Père, et vous abandonnez le principe général, et, voyant qu'il ne vaut plus rien à l'égard des pécheurs, vous voudriez entrer en composition, et le faire au moins subsister pour les justes. Mais cela étant, j'en vois l'usage bien raccourci ; car il ne servira plus à guère de gens, et ce n'est quasi pas la peine de vous le disputer.

Mais mon second, qui avoit, à ce que je crois, étudié toute cette question le matin même, tant il étoit prêt sur tout, lui répondit : Voilà, mon Père, le dernier retranchement où se retirent ceux de votre parti qui ont voulu entrer en dispute. Mais vous y êtes aussi peu en assurance. L'exemple des justes ne vous est pas plus favorable. Qui doute qu'ils ne tombent souvent dans des péchés de surprise sans qu'ils s'en aperçoivent ? N'apprenons-nous pas des Saints mêmes combien la concupiscence leur tend de piéges secrets, et combien il arrive ordinairement que, quelque sobres qu'ils soient, ils donnent à la volupté ce qu'ils pensent donner à la seule nécessité, comme saint Augustin le dit de soi-même dans ses *Confessions* ?

Combien est-il ordinaire de voir les plus zélés s'emporter dans la dispute à des mouvements d'aigreur pour leur propre intérêt, sans que leur conscience leur rende sur l'heure d'autre témoignage, sinon qu'ils agissent de la sorte pour le seul intérêt de la vérité, et sans qu'ils s'en aperçoivent quelquefois que longtemps après !

Mais que dira-t-on de ceux qui se portent avec ardeur à des choses effectivement mauvaises, parce qu'ils les croient effectivement bonnes, comme l'histoire Ecclésiastique en donne des exemples; ce qui n'empêche pas, selon les Pères, qu'ils n'aient péché dans ces occasions?

Et sans cela, comment les justes auroient-ils des péchés cachés? Comment seroit-il véritable que Dieu seul en connoît et la grandeur et le nombre; que personne ne sait s'il est digne d'amour ou de haine, et que les plus saints doivent toujours demeurer dans la crainte et dans le tremblement, quoiqu'ils ne se sentent coupables en aucune chose, comme S. Paul le dit de lui-même?

Concevez donc, mon Père, que les exemples et des justes et des pécheurs renversent également cette nécessité que vous supposez pour pécher, de connoître le mal et d'aimer la vertu contraire, puisque la passion que les impies ont pour les vices témoigne assez qu'ils n'ont aucun désir pour la vertu; et que l'amour que les justes ont pour la vertu témoigne hautement qu'ils n'ont pas toujours la connoissance des péchés qu'ils commettent chaque jour, selon l'Écriture.

Et il est si véritable que les justes pèchent en cette sorte, qu'il est rare que les grands Saints pèchent autrement. Car comment pourroit-on concevoir que ces âmes si pures, qui fuient avec tant de soin et d'ardeur les moindres choses qui peuvent déplaire à Dieu aussitôt qu'elles s'en aperçoivent, et qui pèchent néanmoins plusieurs fois chaque jour, eussent à chaque fois, avant que de tomber, "la connoissance de leur infirmité en cette occasion, celle du Médecin, le désir de leur santé, et celui de prier Dieu de les secourir," et que, malgré toutes ces inspirations, ces âmes si zélées *ne laissassent pas de passer outre* et de commettre le péché?

Concluez donc, mon Père, que ni les pécheurs, ni même les plus justes, n'ont pas toujours ces connoissances, ces désirs, et toutes ces inspirations, toutes les fois qu'ils pèchent; c'est-à-dire, pour user de vos termes, qu'ils n'ont pas toujours la grâce actuelle dans toutes les occasions où ils pèchent. Et ne dites plus, avec vos nouveaux auteurs, qu'il est impossible qu'on pèche quand on ne connoît pas la justice; mais dites plutôt, avec S. Augustin et les anciens Pères, qu'il est impossible qu'on ne pèche pas quand on ne connoît pas la justice: *Necesse est ut peccet, a quo ignoratur justitia.*

Le bon Père, se trouvant aussi empêché de soutenir son opinion au regard des justes qu'au regard des pécheurs, ne perdit pas pourtant courage; et après avoir un peu rêvé: Je m'en vas bien vous convaincre, nous dit-il. Et reprenant son Père Bauny à l'endroit même qu'il nous avoit montré: Voyez, voyez la raison sur laquelle il établit sa pensée. Je savois bien qu'il ne manquoit pas de bonnes preuves. Lisez ce qu'il cite d'Aristote, et vous verrez qu'après une autorité si expresse, il faut brûler les livres de ce Prince des Philosophes, ou être de notre opinion. Écoutez donc les principes qu'établit le Père Bauny: il dit premièrement "qu'une action ne peut être imputée à blâme lorsqu'elle est involontaire." Je l'avoue, lui dit mon ami. Voilà la première fois, leur dis-je, que je vous ai vus d'accord. Tenez-vous-en là, mon Père, si vous m'en croyez. Ce ne seroit rien faire, me dit-il: car il faut savoir quelles sont les conditions nécessaires pour faire qu'une action soit volontaire. J'ai bien peur, répondis-je, que vous ne vous brouilliez là-dessus. Ne craignez point, dit-il, ceci est sûr; Aristote est pour moi. Écoutez bien ce que dit le Père Bauny: "Afin qu'une action soit volontaire, il faut qu'elle procède d'homme qui voie, qui sache, qui pénètre ce qu'il y a de bien et de mal en elle. VOLUNTARIUM EST, dit-on communément avec le Philosophe (vous savez bien que c'est Aristote, me dit-il en me serrant les doigts), *quod fit a principio cognoscente singula, in quibus est actio*: si bien que, quand la volonté, à la volée et sans discussion, se porte à vouloir ou abhorrer, faire ou laisser quelque chose avant que l'entendement ait pu voir s'il y a du mal à la vouloir ou à la fuir, la faire ou la laisser, telle action n'est ni bonne ni mauvaise, d'autant qu'avant cette perquisition, cette vue et réflexion de l'esprit dessus les qualités bonnes ou mauvaises de la chose à laquelle on s'occupe, l'action avec laquelle on la fait n'est volontaire."

Hé bien! me dit le Père, êtes-vous content? Il semble, repartis-je, qu'Aristote est de l'avis du Père Bauny; mais cela ne laisse pas de me surprendre. Quoi, mon Père! il ne suffit pas, pour agir volontairement, qu'on sache ce que l'on fait, et qu'on ne le fasse que parce qu'on le veut faire; mais il faut de plus "que l'on voie, que l'on sache et que l'on pénètre ce qu'il y a de bien et de mal dans cette action?" Si cela est, il n'y a guère d'actions volontaires dans la vie; car on ne pense guère à tout cela. Que de juremens dans le jeu, que d'excès dans les débauches, que d'emportemens dans le Carnaval qui ne sont point volontaires, et par conséquent ni bons, ni mauvais, pour n'être point accompagnés de ces *réflexions d'esprit sur les qualités bonnes ou mauvaises* de ce que l'on fait! Mais

est-il possible, mon Père, qu'Aristote ait eu cette
pensée? car j'avois ouï dire que c'étoit un habile
homme. Je m'en vas vous en éclaircir, me dit mon
Janséniste. Et ayant demandé au Père la Morale
d'Aristote, il l'ouvrit au commencement du troisième
livre, d'où le Père Bauny a pris les paroles qu'il en
rapporte, et dit à ce bon Père : Je vous pardonne d'avoir
cru, sur la foi du Père Bauny, qu'Aristote ait été de
ce sentiment. Vous auriez changé d'avis, si vous l'aviez
lu vous-même. Il est bien vrai qu'il enseigne " qu'afin
qu'une action soit volontaire il faut connoître les
particularités de cette action, SINGULA *in quibus est
actio*." Mais qu'entend-il par là, sinon les circonstances particulières de l'action, ainsi que les exemples
qu'il en donne le justifient clairement, n'en rapportant
point d'autre que de ceux où l'on ignore quelqu'une
de ces circonstances, comme "d'une personne qui,
voulant monter une machine, en décoche un dard qui
blesse quelqu'un ; et de Mérope, qui tua son fils en
pensant tuer son ennemi," et autres semblables ?

Vous voyez donc par là quelle est l'ignorance qui
rend les actions involontaires ; et que ce n'est que celle
des circonstances particulières qui est appelée par les
théologiens, comme vous le savez fort bien, mon Père,
l'*ignorance du fait*. Mais, quant à celle du *droit*, c'est-
à-dire quant à l'ignorance du bien et du mal qui est
en l'action, de laquelle seule il s'agit ici, voyons si
Aristote est de l'avis du P. Bauny. Voici les paroles
de ce Philosophe : "Tous les méchants ignorent ce
qu'ils doivent faire et ce qu'ils doivent fuir ; et c'est
cela même qui les rend méchants et vicieux. C'est
pourquoi on ne peut pas dire que, parce qu'un homme
ignore ce qu'il est à propos qu'il fasse pour satisfaire

à son devoir, son action soit involontaire. Car cette ignorance dans le choix du bien et du mal ne fait pas qu'une action soit involontaire, mais seulement qu'elle est vicieuse. L'on doit dire la même chose de celui qui ignore en général les règles de son devoir, puisque cette ignorance rend les hommes dignes de blâme, et non d'excuse. Et ainsi l'ignorance qui rend les actions involontaires et excusables est seulement celle qui regarde le fait en particulier, et ses circonstances singulières: car alors on pardonne à un homme, et on l'excuse, et on le considère comme ayant agi contre son gré."

Après cela, mon Père, direz-vous encore qu'Aristote soit de votre opinion? Et qui ne s'étonnera de voir qu'un Philosophe païen ait été plus éclairé que vos docteurs en une matière aussi importante à toute la Morale, et à la conduite même des âmes, qu'est la connoissance des conditions qui rendent les actions volontaires ou involontaires, et qui ensuite les excusent ou ne les excusent pas de péché? N'espérez donc plus rien, mon Père, de ce Prince des Philosophes, et ne résistez plus au Prince des Théologiens, qui décide ainsi ce point, au livre I de ses Rétr., chap. xv: "Ceux qui pèchent par ignorance, ne font leur action que parce qu'ils la veulent faire, quoiqu'ils pèchent sans qu'ils veuillent pécher. Et ainsi ce péché même d'ignorance ne peut être commis que par la volonté de celui qui le commet, mais par une volonté qui se porte à l'action, et non au péché, ce qui n'empêche pas néanmoins que l'action ne soit péché, parce qu'il suffit pour cela qu'on ait fait ce qu'on étoit obligé de ne point faire."

Le Père me parut surpris, et plus encore du passage

d'Aristote, que de celui de S. Augustin. Mais, comme
il pensoit à ce qu'il devoit dire, on vint l'avertir que
Madame la Maréchale de...et Madame la Marquise
de...le demandoient. Et ainsi, en nous quittant à la
hâte : J'en parlerai, dit-il, à nos Pères ; ils y trouveront
bien quelque réponse. Nous en avons ici de bien
subtils. Nous l'entendîmes bien ; et quand je fus seul
avec mon ami, je lui témoignai d'être étonné du renversement que cette doctrine apportoit dans la Morale.
A quoi il me répondit qu'il étoit bien étonné de mon
étonnement. Ne savez-vous donc pas encore que leurs
excès sont beaucoup plus grands dans la Morale que
dans les autres matières ? Il m'en donna d'étranges
exemples, et remit le reste à une autre fois. J'espère
que ce que j'en apprendrai sera le sujet de notre premier entretien.

Je suis, etc.

CINQUIÈME LETTRE

ÉCRITE A UN PROVINCIAL
PAR UN DE SES AMIS.

De Paris, ce 20 Mars, 1656.

Monsieur,

Voici ce que je vous ai promis: voici les premiers traits de la Morale de ces bons Pères Jésuites, "de ces hommes éminents en doctrine et en sagesse qui sont tous conduits par la sagesse divine, qui est plus assurée que toute la Philosophie." Vous pensez peut-être que je raille; je le dis sérieusement, ou plutôt ce sont eux-mêmes qui le disent dans leur livre intitulé: *Imago primi sæculi*. Je ne fais que copier leurs paroles, aussi bien que dans la suite de cet éloge: "C'est une société d'hommes, ou plutôt d'Anges, qui a été prédite par Isaïe en ces paroles: Allez, Anges prompts et légers." La prophétie n'en est-elle pas claire? "Ce sont des esprits d'aigles; c'est une troupe de phénix, un auteur ayant montré depuis peu qu'il y en a plusieurs. Ils ont changé la face de la Chrétienté." Il le faut croire puisqu'ils le disent. Et vous l'allez bien voir dans la suite de ce discours, qui vous apprendra leurs maximes.

J'ai voulu m'en instruire de bonne sorte. Je ne me suis pas fié à ce que notre ami m'en avoit appris. J'ai voulu les voir eux-mêmes; mais j'ai trouvé qu'il ne m'avoit rien dit que de vrai. Je pense qu'il ne ment jamais. Vous le verrez par le récit de ces conférences.

Dans celle que j'eus avec lui, il me dit de si plaisantes choses, que j'avois peine à le croire; mais il me les montra dans les livres de ces Pères: de sorte qu'il ne me resta à dire pour leur défense, sinon que c'étoient les sentiments de quelques particuliers qu'il n'étoit pas juste d'imputer au Corps. Et en effet, je l'assurai que j'en connoissois qui sont aussi sévères que ceux qu'il me citoit sont relâchés. Ce fut sur cela qu'il me découvrit l'esprit de la Société, qui n'est pas connu de tout le monde, et vous serez peut-être bien aise de l'apprendre. Voici ce qu'il me dit.

Vous pensez beaucoup faire en leur faveur de montrer qu'ils ont de leurs Pères aussi conformes aux maximes évangéliques que les autres y sont contraires; et vous concluez de là que ces opinions larges n'appartiennent pas à toute la Société. Je le sais bien; car si cela étoit, ils n'en souffriroient pas qui y fussent si contraires. Mais puisqu'ils en ont aussi qui sont dans une doctrine si licencieuse, concluez-en de même, que l'esprit de la Société n'est pas celui de la sévérité Chrétienne; car, si cela étoit, ils n'en souffriroient pas qui y fussent si opposés. Eh quoi! lui répondis-je, quel peut donc être le dessein du Corps entier? C'est sans doute qu'ils n'en ont aucun d'arrêté, et que chacun a la liberté de dire à l'aventure ce qu'il pense. Cela ne peut pas être, me répondit-il; un si grand Corps ne subsisteroit pas dans une conduite téméraire, et sans une âme qui le gouverne et qui règle tous ses mouvements: outre qu'ils ont un ordre particulier de ne rien imprimer sans l'aveu de leurs Supérieurs. Mais quoi! lui dis-je, comment les mêmes Supérieurs peuvent-ils consentir à des maximes si différentes? C'est ce qu'il faut vous apprendre, me répliqua-t-il.

Sachez donc que leur objet n'est pas de corrompre les mœurs: ce n'est pas leur dessein. Mais ils n'ont pas aussi pour unique but celui de les réformer: ce seroit une mauvaise politique. Voici quelle est leur pensée. Ils ont assez bonne opinion d'eux-mêmes pour croire qu'il est utile et comme nécessaire au bien de la Religion que leur crédit s'étende partout, et qu'ils gouvernent toutes les consciences. Et parce que les maximes Évangéliques et sévères sont propres pour gouverner quelques sortes de personnes, ils s'en servent dans ces occasions où elles leur sont favorables. Mais comme ces mêmes maximes ne s'accordent pas au dessein de la plupart des gens, ils les laissent à l'égard de ceux-là, afin d'avoir de quoi satisfaire tout le monde. C'est pour cette raison qu'ayant affaire à des personnes de toutes sortes de conditions et de nations si différentes, il est nécessaire qu'ils aient des Casuistes assortis à toute cette diversité.

De ce principe vous jugez aisément que s'ils n'avoient que des Casuistes relâchés, ils ruineroient leur principal dessein, qui est d'embrasser tout le monde, puisque ceux qui sont véritablement pieux cherchent une conduite plus sévère. Mais comme il n'y en a pas beaucoup de cette sorte, ils n'ont pas besoin de beaucoup de directeurs sévères pour les conduire. Ils en ont peu pour peu; au lieu que la foule des Casuistes relâchés s'offre à la foule de ceux qui cherchent le relâchement.

C'est par cette conduite *obligeante et accommodante*, comme l'appelle le P. Petau, qu'ils tendent les bras à tout le monde: car, s'il se présente à eux quelqu'un qui soit tout résolu de rendre des biens mal acquis, ne craignez pas qu'ils l'en détournent; ils loueront, au contraire, et confirmeront une si sainte résolution : mais qu'il en vienne un autre qui veuille avoir l'absolution sans restituer, la chose sera bien difficile, s'ils n'en fournissent des moyens dont ils se rendront les garants.

Par là ils conservent tous leurs amis, et se défendent contre tous leurs ennemis ; car, si on leur reproche leur extrême relâchement, ils produisent incontinent au public leurs Directeurs austères, et quelques livres qu'ils ont faits de la rigueur de la loi Chrétienne ; et les simples, et ceux qui n'approfondissent pas plus avant les choses, se contentent de ces preuves.

Ainsi, ils en ont pour toutes sortes de personnes, et répondent si bien selon ce qu'on leur demande, que, quand ils se trouvent en des pays où un Dieu crucifié passe pour folie, ils suppriment le scandale de la Croix, et ne prêchent que Jésus-Christ glorieux, et non pas Jésus-Christ souffrant : comme ils ont fait dans les Indes et dans la Chine, où ils ont permis aux Chrétiens l'idolâtrie même, par cette subtile invention, de leur faire cacher sous leurs habits une image de Jésus-Christ, à laquelle ils leur enseignent de rapporter mentalement les adorations publiques qu'ils rendent à l'idole Cachincoam et à leur Keum-fucum, comme Gravina, Dominicain, le leur reproche ; et comme le témoigne le Mémoire, en Espagnol, présenté au Roi d'Espagne Philippe IV, par les Cordeliers des Îles Philippines, rapporté par Thomas Hurtado dans son livre du *Martyre de la foi*, page 427. De telle sorte que la Congrégation des Cardinaux *de Propagandâ fide* fut obligée de défendre particulièrement aux Jésuites, sur peine d'excommunication, de permettre des adorations d'Idoles sous aucun prétexte, et de cacher

le mystère de la Croix à ceux qu'ils instruisent de la
Religion, leur commandant expressément de n'en
recevoir aucun au Baptême qu'après cette connoissance,
et d'exposer dans leurs Églises l'image du Crucifix,
comme il est porté amplement dans le Décret de
cette Congrégation, donné le 9ᵉ juillet 1646, signé par
le Cardinal Capponi.

Voilà de quelle sorte ils se sont répandus par toute
la terre à la faveur *de la doctrine des opinions probables*, qui est la source et la base de tout ce dérègle-
ment. C'est ce qu'il faut que vous appreniez d'eux-
mêmes; car ils ne le cachent à personne, non plus
que tout ce que vous venez d'entendre, avec cette
différence, qu'ils couvrent leur prudence humaine et
politique du prétexte d'une prudence divine et Chrétienne; comme si la foi, et la Tradition qui la maintient,
n'étoit pas toujours une et invariable dans tous les
temps et dans tous les lieux; comme si c'étoit à la
règle à se fléchir pour convenir au sujet qui doit lui
être conforme; et comme si les âmes n'avoient, pour
se purifier de leurs taches, qu'à corrompre la loi du
Seigneur; au lieu " que la loi du Seigneur, qui est sans
tache et toute sainte, est celle qui doit convertir les
âmes," et les conformer à ses salutaires instructions!

Allez donc, je vous prie, voir ces bons Pères, et je
m'assure que vous remarquerez aisément, dans le relâchement de leur Morale, la cause de leur doctrine
touchant la grâce. Vous y verrez les vertus Chrétiennes si inconnues et si dépourvues de la charité, qui
en est l'âme et la vie; vous y verrez tant de crimes
palliés, et tant de désordres soufferts, que vous ne
trouverez plus étrange qu'ils soutiennent que tous les
hommes ont toujours assez de grâce pour vivre dans

la piété de la manière qu'ils l'entendent. Comme leur Morale est toute païenne, la nature suffit pour l'observer. Quand nous soutenons la nécessité de la grâce efficace, nous lui donnons d'autres vertus pour objet. Ce n'est pas simplement pour guérir les vices par d'autres vices; ce n'est pas seulement pour faire pratiquer aux hommes les devoirs extérieurs de la Religion; c'est pour une vertu plus haute que celle des Pharisiens et des plus sages du Paganisme. La loi et la raison sont des grâces suffisantes pour ces effets. Mais, pour dégager l'âme de l'amour du monde, pour la retirer de ce qu'elle a de plus cher, pour la faire mourir à soi-même, pour la porter et l'attacher uniquement et invariablement à Dieu, ce n'est l'ouvrage que d'une main toute-puissante. Et il est aussi peu raisonnable de prétendre que l'on a toujours un plein pouvoir, qu'il le seroit de nier que ces vertus, destituées d'amour de Dieu, lesquelles ces bons Pères confondent avec les vertus Chrétiennes, ne sont pas en notre puissance.

Voilà comment il me parla, et avec beaucoup de douleur; car il s'afflige sérieusement de tous ces désordres. Pour moi, j'estimai ces bons Pères de l'excellence de leur Politique, et je fus, selon son conseil, trouver un bon Casuiste de la Société. C'est une de mes anciennes connoissances, que je voulus renouveler exprès. Et comme j'étois instruit de la manière dont il les faut traiter, je n'eus pas de peine à le mettre en train. Il me fit d'abord mille caresses, car il m'aime toujours; et après quelques discours indifférents, je pris occasion du temps où nous sommes pour apprendre de lui quelque chose sur le jeûne, afin d'entrer insensiblement en matière. Je lui témoignai

donc que j'avois bien de la peine à le supporter. Il m'ex-
horta à me faire violence: mais, comme je continuai
à me plaindre, il en fut touché, et se mit à chercher
quelque cause de dispense. Il m'en offrit en effet
plusieurs qui ne me convenoient point, lorsqu'il s'avisa
enfin de me demander si je n'avois pas de peine à
dormir sans souper. Oui, lui dis-je, mon Père, et cela
m'oblige souvent à faire collation à midi et à souper
le soir. Je suis bien aise, me répliqua-t-il, d'avoir
trouvé ce moyen de vous soulager sans péché: allez,
vous n'êtes point obligé à jeûner. Je ne veux pas que
vous m'en croyiez, venez à la Bibliothèque. J'y fus,
et là, en prenant un livre: En voici la preuve, me dit-il,
et Dieu sait quelle! C'est Escobar. Qui est Escobar,
lui dis-je, mon Père?

Quoi! vous ne savez pas qui est Escobar de notre
Société, qui a compilé cette Théologie Morale de
vingt-quatre de nos Pères; sur quoi il fait, dans la
préface, une Allégorie de ce livre "à celui de l'Apo-
calypse qui étoit scellé de sept sceaux"? Et il dit que
"Jésus l'offre ainsi scellé aux quatre animaux, Suarez,
Vasquez, Molina, Valentia, en présence de vingt-
quatre Jésuites qui représentent les vingt-quatre
vieillards." Il lut toute cette Allégorie, qu'il trouvoit
bien juste, et par où il me donnoit une grande idée de
l'excellence de cette ouvrage. Ayant ensuite cherché
son passage du jeûne: Le voici, me dit-il, au tr. 1,
ex. 13, n. 67. "Celui qui ne peut dormir s'il n'a soupé,
est-il obligé de jeûner? Nullement." N'êtes-vous pas
content? Non pas tout-à-fait, lui dis-je; car je puis
bien supporter le jeûne en faisant collation le matin et
soupant le soir. Voyez donc la suite, me dit-il; ils ont
pensé à tout. "Et que dira-t-on, si on peut bien se

passer d'une collation le matin en soupant le soir?"
Me voilà. "On n'est point encore obligé à jeûner; car
personne n'est obligé à changer l'ordre de ses repas."
O la bonne raison, lui dis-je. Mais dites-moi, con-
tinua-t-il, usez-vous de beaucoup de vin? Non, mon
Père, lui dis-je, je ne le puis souffrir. Je vous disois
cela, me répondit-il, pour vous avertir que vous en
pourriez boire le matin, et quand il vous plairoit, sans
rompre le jeûne; et cela soutient toujours. En voici la
décision au même lieu, n. 75: "Peut-on, sans rompre
le jeûne, boire du vin à telle heure qu'on voudra, et
même en grande quantité? On le peut, et même de
l'hypocras." Je ne me souvenois pas de cet hypocras,
dit-il; il faut que je le mette sur mon recueil. Voilà
un honnête homme, lui dis-je, qu'Escobar. Tout le
monde l'aime, répondit le Père: il fait de si jolies
questions! Voyez celle-ci, qui est au même endroit,
n. 38: "Si un homme doute qu'il ait vingt-un ans,
est-il obligé de jeûner? Non. Mais si j'ai vingt-un ans
cette nuit à une heure après minuit, et qu'il soit
demain jeûne, serai-je obligé de jeûner demain? Non;
car vous pourriez manger autant qu'il vous plairoit
depuis minuit jusqu'à une heure, puisque vous n'auriez
pas encore vingt-un ans: et ainsi ayant droit de
rompre le jeûne, vous n'y êtes point obligé." O que
cela est divertissant! lui dis-je. On ne s'en peut tirer,
me répondit-il; je passe les jours et les nuits à le lire,
je ne fais autre chose. Le bon Père, voyant que j'y
prenois plaisir, en fut ravi; et continuant: Voyez, dit-
il, encore ce trait de Filiutius, qui est un de ces vingt-
quatre Jésuites, t. II, tr. 27, part. 2, c. 6, n. 143: "Celui
qui s'est fatigué à quelque chose, comme à poursuivre
une fille, *ad insequendam amicam*, est-il obligé de

jeûner? Nullement. Mais s'il s'est fatigué exprès pour être par là dispensé du jeûne, y sera-t-il tenu? Encore qu'il ait eu ce dessein formé, il n'y sera point obligé." Eh bien! l'eussiez-vous cru? me dit-il. En vérité, mon Père, lui dis-je, je ne le crois pas bien encore. Eh quoi! n'est-ce pas un péché de ne pas jeûner quand on le peut? Et est-il permis de rechercher les occasions de pécher? ou plutôt n'est-on pas obligé de les fuir? Cela seroit assez commode. Non pas toujours, me dit-il; c'est selon. Selon quoi? lui dis-je. Ho, ho! repartit le Père. Et si on recevoit quelque incommodité en fuyant les occasions, y seroit-on obligé à votre avis? Ce n'est pas au moins celui du P. Bauny que voici, p. 1084: "On ne doit pas refuser l'absolution à ceux qui demeurent dans les occasions prochaines du péché, s'ils sont en tel état qu'ils ne puissent les quitter sans donner sujet au monde de parler, ou sans qu'ils en reçussent eux-mêmes de l'incommodité." Je m'en réjouis, mon Père; il ne reste plus qu'à dire qu'on peut rechercher les occasions de propos délibéré, puisqu'il est permis de ne les pas fuir. Cela même est aussi quelquefois permis, ajouta-t-il. Le célèbre Casuiste Basile Ponce l'a dit et le P. Bauny le cite et approuve son sentiment, que voici dans le Traité de la Pénitence, q. 4, p. 94: "On peut rechercher une occasion directement et pour elle-même; *primo et per se*, quand le bien spirituel ou temporel de nous ou de notre prochain nous y porte."

Vraiment, lui dis-je, il me semble que je rêve quand j'entends des Religieux parler de cette sorte! Eh quoi, mon Père, dites-moi, en conscience, êtes-vous dans ce sentiment-là? Non vraiment, me dit le Père. Vous parlez donc, continuai-je, contre votre conscience?

Point du tout, dit-il: je ne parlois pas en cela selon ma
conscience, mais selon celle de Ponce et du P. Bauny;
et vous pourriez les suivre en sûreté, car ce sont d'habiles gens. Quoi! mon Père, parce qu'ils ont mis ces
trois lignes dans leurs livres, sera-t-il devenu permis
de rechercher les occasions de pécher? Je croyois ne
devoir prendre pour règle que l'Écriture et la Tradition de l'Église, mais non pas vos Casuistes. O bon
Dieu, s'écria le Père, vous me faites souvenir de ces
Jansénistes! Est-ce que le P. Bauny et Basile Ponce
ne peuvent pas rendre leur opinion probable? Je ne
me contente pas du probable, lui dis-je, je cherche le
sûr. Je vois bien, me dit le bon Père, que vous ne
savez pas ce que c'est que la doctrine des opinions
probables; vous parleriez autrement si vous le saviez.
Ah! vraiment, il faut que je vous en instruise. Vous
n'aurez pas perdu votre temps d'être venu ici; sans
cela vous ne pouviez rien entendre. C'est le fondement
et l'A B C de toute notre Morale. Je fus ravi de le
voir tombé dans ce que je souhaitois; et, le lui ayant
témoigné, je le priai de m'expliquer ce que c'étoit
qu'une opinion probable. Nos Auteurs vous y ré-
pondront mieux que moi, dit-il. Voici comme ils en
parlent tous généralement, et entre autres, nos vingt-
quatre, *in princ.* ex. 3, n. 8: "Une opinion est appelée
probable, lorsqu'elle est fondée sur des raisons de
quelque considération. D'où il arrive quelquefois
qu'un seul Docteur fort grave peut rendre une opinion
probable." Et en voici la raison: "car un homme
adonné particulièrement à l'étude ne s'attacheroit pas
à une opinion, s'il n'y étoit attiré par une raison bonne
et suffisante." Et ainsi, lui dis-je, un seul Docteur
peut tourner les consciences et les bouleverser à son

gré, et toujours en sûreté. Il n'en faut pas rire, me dit-il, ni penser combattre cette doctrine. Quand les Jansénistes l'ont voulu faire, ils y ont perdu leur temps. Elle est trop bien établie. Écoutez Sanchez, qui est un des plus célèbres de nos Pères, *Som.* liv. I, chap. IX, n. 7: "Vous douterez peut-être si l'autorité d'un seul Docteur bon et savant rend une opinion probable: à quoi je réponds que oui; et c'est ce qu'assurent Angelus, Sylv., Navarr., Emmanuel Sa, etc. Et voici comme on le prouve. Une opinion probable est celle qui a un fondement considérable: or l'autorité d'un homme savant et pieux n'est pas de petite considération, mais plutôt de grande considération; car, écoutez bien cette raison: Si le témoignage d'un tel homme est de grand poids pour nous assurer qu'une chose se soit passée, par exemple, à Rome, pourquoi ne le sera-t-il pas de même dans un doute de Morale?"

La plaisante comparaison, lui dis-je, des choses du monde à celles de la conscience! Ayez patience; Sanchez répond à cela dans les lignes qui suivent immédiatement. "Et la restriction qu'y apportent certains Auteurs ne me plaît pas: que l'autorité d'un tel Docteur est suffisante dans les choses de droit humain, mais non pas dans celles de droit divin; car elle est de grand poids dans les unes et dans les autres."

Mon Père, lui dis-je franchement, je ne puis faire cas de cette règle. Qui m'a assuré que dans la liberté que vos Docteurs se donnent, d'examiner les choses par la raison, ce qui paroîtra sûr à l'un le paroisse à tous les autres? La diversité des jugements est si grande....Vous ne l'entendez pas, dit le Père en m'interrompant; aussi sont-ils fort souvent de différents avis; mais cela n'y fait rien: chacun rend le sien probable et sûr. Vraiment l'on sait bien qu'ils ne sont pas tous du même sentiment; et cela n'en est que mieux. Ils ne s'accordent au contraire presque jamais. Il y a peu de questions où vous ne trouviez que l'un dit oui; l'autre dit non. Et en tous ces cas-là, l'une et l'autre des opinions contraires est probable; et c'est pourquoi Diana dit sur un certain sujet, part. 3, tome IV, r. 244: "Ponce et Sanchez sont de contraires avis: mais, parce qu'ils étoient tous deux savants, chacun rend son opinion probable."

Mais, mon Père, lui dis-je, on doit être bien embarrassé à choisir alors! Point du tout, dit-il, il n'y a qu'à suivre l'avis qui agrée le plus. Eh quoi! si l'autre est plus probable? Il n'importe, me dit-il. Et si l'autre est plus sûr? Il n'importe, me dit encore le Père; le voici bien expliqué. C'est Emmanuel Sa de notre Société, dans son Aphorisme *de Dubio*, p. 183: "On peut faire ce qu'on pense être permis selon une opinion probable, quoique le contraire soit plus sûr. Or, l'opinion d'un seul Docteur grave y suffit." Et si une opinion est tout ensemble et moins probable et moins sûre, sera-t-il permis de la suivre, en quittant ce que l'on croit être plus probable et plus sûr? Oui, encore une fois, me dit-il; écoutez Filiutius, ce grand Jésuite de Rome, *Mort. quæst.* tr. 21, c. 4, n. 128: "Il est permis de suivre l'opinion la moins probable, quoiqu'elle soit la moins sûre; c'est l'opinion commune des nouveaux Auteurs." Cela n'est-il pas clair? Nous voici bien au large, lui dis-je, mon Révérend Père, grâces à vos *opinions probables*. Nous avons une belle liberté de conscience. Et vous autres Casuistes, avez-vous la même liberté dans vos réponses? Oui, me dit-il, nous répondons aussi ce qu'il nous plaît, ou plutôt ce qu'il plaît à ceux qui nous interrogent; car voici nos règles, prises de nos Pères Layman, *Theol. Mor.* l. 1, tr. 1, c. 2, § 2, n. 7, Vasquez, *Dist.* 62, c. 9, n. 47, Sanchez, *in Sum.* l. 1, c. 9, n. 23, et de nos vingt-quatre, *Princ.* ex. 3, n. 24. Voici les paroles de Layman, que le livre de nos vingt-quatre a suivies: "Un Docteur étant consulté peut donner un conseil, non seulement probable selon son opinion, mais contraire à son opinion, s'il est estimé probable par d'autres, lorsque cet avis contraire au sien se rencontre plus favorable et plus agréable à celui qui le consulte: *Si forte et illi favorabilior seu exoptatior sit.* Mais je dis de plus qu'il ne sera point hors de raison qu'il donne à ceux qui le consultent un avis tenu pour probable par quelque personne savante, quand même il s'assureroit qu'il seroit absolument faux."

Tout de bon, mon Père, votre doctrine est bien commode. Quoi! avoir à répondre oui et non à son choix? On ne peut assez priser un tel avantage. Et je vois bien maintenant à quoi vous servent les opinions contraires que vos Docteurs ont sur chaque matière; car l'une vous sert toujours, et l'autre ne vous nuit jamais. Si vous ne trouvez votre compte d'un côté, vous vous jetez de l'autre, et toujours en sûreté. Cela est vrai, dit-il; et ainsi nous pouvons toujours dire avec Diana, qui trouva le P. Bauny pour lui lorsque le P. Lugo lui étoit contraire:

Sæpe, premente Deo, fert Deus alter opem.
Si quelque Dieu nous presse, un autre nous délivre.

J'entends bien, lui dis-je; mais il me vient une difficulté dans l'esprit: c'est qu'après avoir consulté un de vos Docteurs, et pris de lui une opinion un peu

large, on sera peut-être attrapé si on rencontre un
Confesseur qui n'en soit pas, et qui refuse l'absolution,
si on ne change de sentiment. N'y avez-vous point
donné ordre, mon Père? En doutez-vous? me répondit-il. On les a obligés à absoudre leurs pénitents
qui ont des opinions probables, sur peine de péché
mortel, afin qu'ils n'y manquent pas. C'est ce qu'ont
bien montré nos Pères, et entre autres le Père Bauny,
tr. 4, *de Pænit.* q. 13, p. 93: "Quand le pénitent, dit-il,
suit une opinion probable, le Confesseur le doit
absoudre, quoique son opinion soit contraire à celle
du pénitent." Mais il ne dit pas que ce soit un péché
mortel de ne le pas absoudre. Que vous êtes prompt!
me dit-il; écoutez la suite; il en fait une conclusion
expresse: "Refuser l'absolution à un pénitent qui
agit selon une opinion probable est un péché qui, de
sa nature, est mortel." Et il cite, pour confirmer ce
sentiment, trois des plus fameux de nos Pères, Suarez,
tome IV, dist. 32, sect. 5, Vasquez, disp. 62, ch. 7, et
Sanchez, n. 29.

O mon Père! lui dis-je, voilà qui est bien prudem-
ment ordonné! Il n'y a plus rien à craindre. Un
Confesseur n'oseroit plus y manquer. Je ne savois pas
que vous eussiez le pouvoir d'ordonner sur peine de
damnation. Je croyois que vous ne saviez qu'ôter les
péchés; je ne pensois pas que vous en sussiez introduire; mais vous avez tout pouvoir, à ce que je vois.
Vous ne parlez pas proprement, me dit-il. Nous
n'introduisons pas les péchés, nous ne faisons que les
remarquer. J'ai déjà bien reconnu deux ou trois fois
que vous n'êtes pas bon Scolastique. Quoi qu'il en
soit, mon Père, voilà mon doute bien résolu. Mais
j'en ai un autre encore à vous proposer: c'est que je

ne sais comment vous pouvez faire, quand les Pères
sont contraires au sentiment de quelqu'un de vos
Casuistes.

Vous l'entendez bien peu, me dit-il. Les Pères
étoient bons pour la Morale de leur temps; mais ils
sont trop éloignés pour celle du nôtre. Ce ne sont
plus eux qui la règlent, ce sont les nouveaux Casuistes.
Écoutez notre Père Cellot, *de Hier*. lib. VIII, cap. 16,
pag. 714, qui suit en cela notre fameux Père Reginaldus: "Dans les questions de Morale, les nouveaux
Casuistes sont préférables aux anciens Pères, quoiqu'ils fussent plus proches des Apôtres." Et c'est en
suivant cette maxime que Diana parle de cette sorte,
pag. 5, tr. 8, reg. 31. "Les Bénéficiers sont-ils obligés
de restituer leur revenu dont ils disposent mal? Les
anciens disoient qu'oui, mais les nouveaux disent que
non: ne quittons donc pas cette opinion qui décharge
de l'obligation de restituer." Voilà de belles paroles,
lui dis-je, et pleines de consolation pour bien du
monde. Nous laissons les Pères, me dit-il, à ceux qui
traitent la Positive; mais pour nous qui gouvernons les
consciences, nous les lisons peu, et ne citons dans nos
écrits que les nouveaux Casuistes. Voyez Diana, qui
a furieusement écrit; il a mis à l'entrée de ses livres la
liste des Auteurs qu'il rapporte. Il y en a deux cent
quatre-vingt-seize, dont le plus ancien est depuis
quatre-vingts ans. Cela est donc venu au monde depuis
votre Société? lui dis-je. Environ, me répondit-il.
C'est-à-dire, mon Père, qu'à votre arrivée on a vu
disparoître saint Augustin, saint Chrysostome, saint
Ambroise, saint Jérôme, et les autres, pour ce qui est
de la Morale. Mais au moins que je sache les noms
de ceux qui leur ont succédé; qui sont-ils ces nouveaux

auteurs? Ce sont des gens bien habiles et bien célèbres, me dit-il. C'est Villalobos, Coninck, Llamas, Achokier, Dealkozer, Dellacrux, Veracruz, Ugolin, Tambourin, Fernandez, Martinez, Suarez, Henriquez, Vasquez, Lopez, Gomez, Sanchez, de Vechis, de Grassis, de Grassalis, de Pitigianis, de Graphaeis, Squilanti, Bizozeri, Barcola, de Bobadilla, Simancha, Perez de Lara, Aldretta, Lorca, de Scarcia, Quaranta, Scophra, Pedrezza, Cabrezza, Bisbe, Dias, de Clavasio, Villagut, Adam à Mandem, Iribarne, Binsfeld, Volfangi à Vorberg, Vosthery, Strevesdorf. O mon Père! lui dis-je tout effrayé, tous ces gens-là étoient-ils Chrétiens? Comment, Chrétiens! me répondit-il. Ne vous disois-je pas que ce sont les seuls par lesquels nous gouvernons aujourd'hui la Chrétienté? Cela me fit pitié, mais je ne lui en témoignai rien, et lui demandai seulement si tous ces Auteurs-là étoient Jésuites. Non, me dit-il, mais il n'importe; ils n'ont pas laissé de dire de bonnes choses. Ce n'est pas que la plupart ne les aient prises ou imitées des nôtres, mais nous ne nous piquons pas d'honneur, outre qu'ils citent nos Pères à toute heure et avec éloge. Voyez Diana, qui n'est pas de notre Société, quand il parle de Vasquez, il l'appelle *le phénix des esprits*. Et quelquefois il dit "que Vasquez seul lui est autant que tout le reste des hommes ensemble, *Instar omnium*." Aussi tous nos Pères se servent fort souvent de ce bon Diana; car si vous entendez bien notre doctrine *de la Probabilité*, vous verrez que cela n'y fait rien. Au contraire, nous avons bien voulu que d'autres que les Jésuites puissent rendre leurs opinions probables, afin qu'on ne puisse pas nous les imputer toutes. Et ainsi, quand quelque Auteur que ce soit en a avancé une, nous avons le droit de la prendre, si nous le voulons, par la doctrine des opinions probables, et nous n'en sommes pas les garants quand l'auteur n'est pas de notre corps. J'entends tout cela, lui dis-je. Je vois bien par là que tout est bien venu chez vous, hormis les anciens Pères, et que vous êtes les Maîtres de la campagne. Vous n'avez plus qu'à courir.

Mais je prévois trois ou quatre grands inconvénients, et de puissantes barrières qui s'opposeront à votre course. Et quoi? me dit le Père tout étonné. C'est, lui répondis-je, l'Écriture sainte, les Papes, et les Conciles, que vous ne pouvez démentir, et qui sont tous dans la voie unique de l'Évangile. Est-ce là tout? me dit-il. Vous m'avez fait peur. Croyez-vous qu'une chose si visible n'ait pas été prévue, et que nous n'y ayons pas pourvu? Vraiment je vous admire, de penser que nous soyons opposés à l'Écriture, aux Papes ou aux Conciles! Il faut que je vous éclaircisse du contraire. Je serois bien marri que vous crussiez que nous manquons à ce que nous leur devons. Vous avez sans doute pris cette pensée de quelques opinions de nos Pères qui paroissent choquer leurs décisions, quoique cela ne soit pas. Mais pour en entendre l'accord, il faudroit avoir plus de loisir. Je souhaite que vous ne demeuriez pas mal édifié de nous. Si vous voulez que nous nous revoyions demain, je vous en donnerai l'éclaircissement.

Voilà la fin de cette conférence, qui sera celle de cet Entretien; aussi en voilà bien assez pour une Lettre. Je m'assure que vous en serez satisfait en attendant la suite.

Je suis, etc.

TREIZIÈME LETTRE

ÉCRITE PAR L'AUTEUR DES LETTRES AU
PROVINCIAL AUX RÉVÉRENDS PÈRES JÉSUITES.

Du 30 Septembre, 1656.

MES RÉVÉRENDS PÈRES,

Je viens de voir votre dernier écrit, où vous
continuez vos impostures jusqu'à la vingtième, en
déclarant que vous finissez par là cette sorte d'accusa-
tion, qui faisoit votre première partie, pour en venir
à la seconde, où vous devez prendre une nouvelle
manière de vous défendre, en montrant qu'il y a bien
d'autres Casuistes que les vôtres qui sont dans le
relâchement, aussi bien que vous. Je vois donc maintenant, mes Pères, à combien d'impostures j'ai à
répondre : et puisque la quatrième où nous en sommes
demeurés est sur le sujet de l'homicide, il sera à propos,
en y répondant, de satisfaire en même temps aux 11,
13, 14, 15, 16, 17 et 18, qui sont sur le même sujet.

Je justifierai donc, dans cette lettre, la vérité de mes
citations contre les faussetés que vous m'imposez.
Mais parce que vous avez osé avancer dans vos écrits,
"que les sentiments de vos Auteurs sur le meurtre
sont conformes aux décisions des Papes et des lois
ecclésiastiques," vous m'obligerez à renverser, dans
ma lettre suivante, une proposition si téméraire et si
injurieuse à l'Église. Il importe de faire voir qu'elle
est pure de vos corruptions, afin que les hérétiques
ne puissent pas se prévaloir de vos égarements pour

en tirer des conséquences qui la déshonorent. Et ainsi, en voyant d'une part vos pernicieuses maximes, et de l'autre les Canons de l'Église qui les ont toujours condamnées, on trouvera tout ensemble, et ce qu'on doit éviter, et ce qu'on doit suivre.

Votre quatrième imposture est sur une maxime touchant le meurtre, que vous prétendez que j'ai faussement attribuée à Lessius. C'est celle-ci: "Celui qui a reçu un soufflet peut poursuivre à l'heure même son ennemi, et même à coups d'épée, non pas pour se venger, mais pour réparer son honneur." Sur quoi vous dites que cette opinion-là est du casuiste Victoria. Et ce n'est pas encore le sujet de la dispute, car il n'y a point de répugnance à dire qu'elle soit tout ensemble de Victoria et de Lessius, puisque Lessius dit lui-même qu'elle est aussi de Navarre et de votre Père Henriquez, qui enseignent "que celui qui a reçu un soufflet peut à l'heure même poursuivre son homme, et lui donner autant de coups qu'il jugera nécessaire pour réparer son honneur." Il est donc seulement question de savoir si Lessius est du sentiment de ces Auteurs, aussi bien que son Confrère. Et c'est pourquoi vous ajoutez: "Que Lessius ne rapporte cette opinion que pour la réfuter; et qu'ainsi je lui attribue un sentiment qu'il n'allègue que pour le combattre, qui est l'action du monde la plus lâche et la plus honteuse à un écrivain." Or je soutiens, mes Pères, qu'il ne la rapporte que pour la suivre. C'est une question de fait qu'il sera bien facile de décider. Voyons donc comment vous prouvez ce que vous dites, et vous verrez ensuite comment je prouve ce que je dis.

Pour montrer que Lessius n'est pas de ce sentiment,

vous dites qu'il en condamne la pratique: et pour
prouver cela, vous rapportez un de ces passages,
liv. II, c. IX, n. 82, où il dit ces mots: "J'en condamne
la pratique." Je demeure d'accord que si on cherche
ces paroles dans Lessius, au nombre 82, où vous les
citez, on les y trouvera. Mais que dira-t-on, mes Pères,
quand on verra en même temps qu'il traite en cet
endroit d'une question toute différente de celle dont
nous parlons, et que l'opinion, dont il dit en ce lieu-là
qu'il en condamne la pratique, n'est en aucune sorte
celle dont il s'agit ici, mais une autre toute séparée?
Cependant il ne faut, pour en être éclairci, qu'ouvrir
le livre même où vous renvoyez; car on y trouvera
toute la suite de son discours en cette manière.

Il traite la question, "savoir si on peut tuer pour un
soufflet," au nombre 79, et il la finit au nombre 80,
sans qu'il y ait en tout cela un seul mot de condamnation. Cette question étant terminée, il en commence
une nouvelle en l'art. 81, "savoir si on peut tuer pour
des médisances." Et c'est sur celle-là qu'il dit, au
n. 82, ces paroles que vous avez citées: "J'en condamne la pratique."

N'est-ce donc pas une chose honteuse, mes Pères,
que vous osiez produire ces paroles, pour faire croire
que Lessius condamne l'opinion qu'on peut tuer pour
un soufflet, et que, n'en ayant rapporté en tout que
cette seule preuve, vous triomphiez là-dessus, en
disant, comme vous faites: "Plusieurs personnes
d'honneur dans Paris ont déjà reconnu cette insigne
fausseté par la lecture de Lessius, et ont appris par là
quelle créance on doit avoir à ce calomniateur"? Quoi!
mes Pères, est-ce ainsi que vous abusez de la créance
que ces personnes d'honneur ont en vous? Pour leur

faire entendre que Lessius n'est pas d'un sentiment,
vous leur ouvrez son livre en un endroit où il en condamne un autre; et comme ces personnes n'entrent
pas en défiance de votre bonne foi, et ne pensent pas
à examiner s'il s'agit en ce lieu-là de la question con-
testée, vous trompez ainsi leur crédulité. Je m'assure,
mes Pères, que, pour vous garantir d'un si honteux
mensonge, vous avez eu recours à votre doctrine des
équivoques, et que, lisant ce passage *tout haut*, vous
disiez *tout bas* qu'il s'y agissoit d'une autre matière.
Mais je ne sais si cette raison, qui suffit bien pour
satisfaire votre conscience, suffira pour satisfaire la
plus juste plainte que vous feront ces gens d'honneur
quand ils verront que vous les avez joués de cette
sorte.

Empêchez-les donc bien, mes Pères, de voir mes
lettres, puisque c'est le seul moyen qui vous reste
pour conserver encore quelque temps votre crédit.
Je n'en use pas ainsi des vôtres; j'en envoie à tous mes
amis; je souhaite que tout le monde les voie; et je
crois que nous avons tous raison. Car enfin, après
avoir publié cette quatrième imposture avec tant
d'éclat, vous voilà décriés, si on vient à savoir que
vous y avez supposé un passage pour un autre. On
jugera facilement que si vous eussiez trouvé ce que
vous demandiez au lieu même où Lessius traitoit cette
matière, vous ne l'eussiez pas été chercher ailleurs;
et que vous n'y avez eu recours que parce que vous
n'y voyiez rien qui fût favorable à votre dessein. Vous
vouliez faire trouver dans Lessius ce que vous dites
dans votre Imposture, p. 10, l. 12, "Qu'il n'accorde
pas que cette opinion soit probable dans la spéculation"; et Lessius dit expressément en sa conclusion,

n. 80: "Cette opinion, qu'on peut tuer pour un soufflet reçu, est probable dans la spéculation." N'est-ce pas là mot à mot le contraire de votre discours? Et qui peut assez admirer avec quelle hardiesse vous produisez en propres termes le contraire d'une vérité de fait? de sorte qu'au lieu que vous concluiez, de votre passage supposé, que Lessius n'étoit pas de ce sentiment, il se conclut fort bien, de son véritable passage, qu'il est de ce même sentiment.

Vous vouliez encore faire dire à Lessius "qu'il en condamne la pratique." Et comme je l'ai déjà dit, il ne se trouve pas une seule parole de condamnation en ce lieu-là; mais il parle ainsi: "Il semble qu'on n'en doit pas FACILEMENT permettre la pratique: *in praxi non videtur* FACILE PERMITTENDA." Est-ce là le langage d'un homme qui *condamne* une maxime? Diriez-vous, mes Pères, qu'il ne faut pas *permettre facilement*, dans la pratique, les adultères ou les incestes? Ne doit-on pas conclure au contraire, puisque Lessius ne dit autre chose, sinon que la pratique n'en doit pas être facilement permise, que cette pratique peut être quelquefois permise, quoique rarement? Et comme s'il eût voulu apprendre à tout le monde quand on la doit permettre, et ôter aux personnes offensées les scrupules qui les pourroient troubler mal-à-propos, ne sachant en quelles occasions il leur est permis de tuer dans la pratique, il a eu soin de leur marquer ce qu'ils doivent éviter pour pratiquer cette doctrine en conscience. Écoutez-le, mes Pères. "Il semble, dit-il, qu'on ne doit pas le permettre facilement, A CAUSE du danger qu'il y a qu'on agisse en cela par haine, ou par vengeance, ou avec excès, ou que cela ne causât trop de meurtres."

De sorte qu'il est clair que ce meurtre restera tout permis dans la pratique, selon Lessius, si on évite ces inconvénients, c'est-à-dire si l'on peut agir sans haine, sans vengeance, et dans des circonstances qui n'attirent pas beaucoup de meurtres. En voulez-vous un exemple, mes Pères? En voici un assez nouveau; c'est celui du soufflet de Compiègne. Car vous avouerez que celui qui l'a reçu a témoigné, par la manière dont il s'est conduit, qu'il étoit assez maître des mouvements de haine et de vengeance. Il ne lui restoit donc qu'à éviter un trop grand nombre de meurtres; et vous savez, mes Pères, qu'il est si rare que des Jésuites donnent des soufflets aux officiers de la maison du roi, qu'il n'y avoit pas à craindre qu'un meurtre en cette occasion en eût tiré beaucoup d'autres en conséquence. Et ainsi vous ne sauriez nier que ce Jésuite ne fût tuable en sûreté de conscience, et que l'offensé ne pût en cette rencontre pratiquer en son endroit la doctrine de Lessius. Et peut-être, mes Pères, qu'il l'eût fait, s'il eût été instruit dans votre école, et s'il eût appris d'Escobar " qu'un homme qui a reçu un soufflet est réputé sans honneur jusqu'à ce qu'il ait tué celui qui le lui a donné." Mais vous avez sujet de croire que les instructions fort contraires qu'il a reçues d'un curé que vous n'aimez pas trop n'ont pas peu contribué en cette occasion à sauver la vie à un Jésuite.

Ne nous parlez donc plus de ces inconvénients qu'on peut éviter en tant de rencontres, et hors lesquels le meurtre est permis, selon Lessius, dans la pratique même. C'est ce qu'ont bien reconnu vos Auteurs, cités par Escobar dans la *Pratique de l'homicide selon votre société*, tr. 1, ex. 7, n. 48. "Est-il

4—2

permis, dit-il, de tuer celui qui a donné un soufflet?
Lessius dit que cela est permis dans la spéculation,
mais qu'on ne le doit pas conseiller dans la pratique,
non consulendum in praxi, à cause du danger de la haine
ou des meurtres nuisibles à l'état qui en pourroient
arriver. MAIS LES AUTRES ONT JUGÉ QU'EN ÉVITANT
CES INCONVÉNIENTS CELA EST PERMIS ET SUR DANS LA
PRATIQUE: *in praxi probabilem et tutam judicarunt
Henriquez*, etc." Voilà comment les opinions s'élèvent
peu à peu jusqu'au comble de la probabilité. Car
vous y avez porté celle-ci, en la permettant enfin sans
aucune distinction de spéculation ni de pratique, en
ces termes: "Il est permis, lorsqu'on a reçu un soufflet,
de donner incontinent un coup d'épée, non pas pour
se venger, mais pour conserver son honneur." C'est
ce qu'ont enseigné vos Pères à Caen, en 1644, dans
leurs écrits publics, que l'Université produisit au
Parlement dans sa troisième requête contre votre
doctrine de l'homicide.

Remarquez donc, mes Pères, que vos propres
Auteurs ruinent d'eux-mêmes cette vaine distinction
de spéculation et de pratique que l'Université avoit
traitée de ridicule, et dont l'invention est un secret
de votre politique qu'il est bon de faire entendre. Car,
outre que l'intelligence en est nécessaire pour les 15,
16, 17 et 18 impostures, il est toujours à propos de
découvrir peu à peu les principes de cette politique
mystérieuse.

Quand vous avez entrepris de décider les cas de
conscience d'une manière favorable et accommodante,
vous en avez trouvé où la Religion seule étoit intéressée,
comme les questions de la contrition, de la pénitence,
de l'amour de Dieu, et de toutes celles qui ne touchent

que l'intérieur des consciences. Mais vous en avez rencontré d'autres où l'État a intérêt aussi bien que la Religion, comme sont celles de l'usure, des banqueroutes, de l'homicide, et autres semblables; et c'est une chose bien sensible à ceux qui ont un véritable amour pour l'Église, de voir qu'en une infinité d'occasions où vous n'avez eu que la Religion à combattre, comme ce n'est pas ici le lieu où Dieu exerce visiblement sa justice, vous en avez renversé les lois sans aucune crainte, sans réserve, et sans distinction comme il se voit dans vos opinions si hardies contre la pénitence et l'amour de Dieu.

Mais dans celles où la religion et l'État ont part vous avez partagé vos décisions, et formé deux questions sur ces matières: l'une que vous appelez *de spéculation*, dans laquelle, en considérant ces crimes en eux-mêmes, sans regarder à l'intérêt de l'État, mais seulement à la loi de Dieu qui les défend, vous les avez permis, sans hésiter, en renversant ainsi la loi de Dieu qui les condamne; l'autre, que vous appelez *de pratique*, dans laquelle, en considérant le dommage que l'État en recevroit, et la présence des Magistrats qui maintiennent la sûreté publique, vous n'approuvez pas toujours dans la pratique ces meurtres et ces crimes que vous trouvez permis dans la spéculation, pour vous mettre par là à couvert du côté des Juges. C'est ainsi, par exemple, que, sur cette question, "s'il est permis de tuer pour des médisances," vos Auteurs, Filiutius, tr. 29, cap. III, n. 52; Reginaldus, l. XXI, cap. V, n. 63, et les autres répondent: "Cela est permis dans la spéculation, *ex probabili opinione licet*; mais je n'en approuve pas la pratique, à cause du grand nombre de meurtres qui

en arriveroient et feroient tort à l'État, si on tuoit tous
les médisants; et qu'ainsi on en seroit puni en justice
en tuant pour ce sujet." Voilà de quelle sorte vos
opinions commencent à paroître sous cette distinction,
par le moyen de laquelle vous ne ruinez que la Religion, sans blesser encore sensiblement l'État. Par là
vous croyez être en assurance. Car vous vous imaginez
que le crédit que vous avez dans l'Église empêchera
qu'on ne punisse vos attentats contre la vérité; et que
les précautions que vous apportez pour ne mettre
pas facilement ces permissions en pratique, vous
mettront à couvert de la part des Magistrats, qui,
n'étant pas juges des cas de conscience, n'ont proprement intérêt qu'à la pratique extérieure. Ainsi une
opinion qui seroit condamnée sous le nom de pratique
se produit en sûreté sous le nom de spéculation. Mais
cette base étant affermie, il n'est pas difficile d'y
élever le reste de vos maximes. Il y avoit une distance
infinie entre la défense que Dieu a faite de tuer, et la
permission spéculative que vos Auteurs en ont donnée.
Mais la distance est bien petite de cette permission à
la pratique. Il ne reste seulement qu'à montrer que
ce qui est permis dans la spéculative l'est bien aussi
dans la pratique. On ne manquera pas de raisons pour
cela. Vous en avez bien trouvé en des cas plus diffi-
ciles. Voulez-vous voir, mes Pères, par où l'on y
arrive? suivez ce raisonnement d'Escobar, qui l'a
décidé nettement dans le premier des six tomes de sa
grande Théologie morale, dont je vous ai parlé, où il
est tout autrement éclairé que dans ce Recueil qu'il
avoit fait de vos 24 vieillards; car, au lieu qu'il
avoit pensé en ce temps-là qu'il pouvoit y avoir
des opinions probables dans la spéculation qui ne

fussent pas sûres dans la pratique, il a connu le contraire depuis, et l'a fort bien établi dans ce dernier ouvrage : tant la doctrine de la probabilité en général reçoit d'accroissement par le temps, aussi bien que chaque opinion probable en particulier. Écoutez-le donc *in Præloq.* c. III, n. 15. "Je ne vois pas, dit-il, comment il se pourroit faire que ce qui paroît permis dans la spéculation ne le fût pas dans la pratique, puisque ce qu'on peut faire dans la pratique dépend de ce qu'on trouve permis dans la spéculation, et que ces choses ne diffèrent l'une de l'autre que comme l'effet de la cause. Car la spéculation est ce qui détermine à l'action. D'où IL S'ENSUIT QU'ON PEUT EN SURETÉ DE CONSCIENCE SUIVRE DANS LA PRATIQUE LES OPINIONS PROBABLES DANS LA SPÉCULATION, et même avec plus de sûreté que celles qu'on n'a pas si bien examinées spéculativement."

En vérité, mes Pères, votre Escobar raisonne assez bien quelquefois. Et en effet, il y a tant de liaison entre la spéculation et la pratique, que, quand l'une a pris racine, vous ne faites plus difficulté de permettre l'autre sans déguisement. C'est ce qu'on a vu dans la permission de tuer pour un soufflet, qui de la simple spéculation, a été portée hardiment par Lessius à une pratique *qu'on ne doit pas facilement accorder*, et de là par Escobar *à une pratique facile* ; d'où vos Pères de Caen l'ont conduite à une permission pleine, sans distinction de théorie et de pratique, comme vous l'avez déjà vu.

C'est ainsi que vous faites croître peu à peu vos opinions. Si elles paroissoient tout-à-coup dans leur dernier excès, elles causeroient de l'horreur ; mais ce progrès lent et insensible y accoutume doucement les hommes, et en ôte le scandale. Et par ce moyen la permission de tuer, si odieuse à l'État et à l'Église, s'introduit premièrement dans l'Église, et ensuite de l'Église dans l'État.

On a vu un semblable succès de l'opinion de tuer pour des médisances. Car elle est aujourd'hui arrivée à une permission pareille sans aucune distinction. Je ne m'arrêterois pas à vous en rapporter les passages de vos Pères, si cela n'étoit nécessaire pour confondre l'assurance que vous avez eue de dire deux fois dans votre quinzième imposture, p. 26 et 30, "qu'il n'y a pas un Jésuite qui permette de tuer pour des médisances." Quand vous dites cela, mes Pères, vous devriez empêcher que je ne le visse, puisqu'il m'est si facile d'y répondre. Car, outre que vos Pères Reginaldus, Filiutius, etc., l'ont permis dans la spéculation, comme je l'ai déjà dit, et que de là le principe d'Escobar nous mène sûrement à la pratique, j'ai à vous dire de plus que vous avez plusieurs auteurs qui l'ont permis en mots propres, et entre autres le P. Héreau dans ses leçons publiques, ensuite desquelles le roi le fit mettre en arrêt en votre maison pour avoir enseigné, outre plusieurs erreurs, "que quand celui qui nous décrie devant des gens d'honneur continue après l'avoir averti de cesser, il nous est permis de le tuer; non pas en public, de peur de scandale, mais en cachette, SED CLAM."

Je vous ai déjà parlé du P. L'Amy, et vous n'ignorez pas que sa doctrine sur ce sujet a été censurée en 1649 par l'université de Louvain. Et néanmoins il n'y a pas encore deux mois que votre Père des Bois a soutenu à Rouen cette doctrine censurée du P. L'Amy, et a enseigné "qu'il est permis à un religieux de défendre

l'honneur qu'il a acquis par sa vertu, MÊME EN TUANT
celui qui attaque sa réputation, ETIAM CUM MORTE
INVASORIS." Ce qui a causé un tel scandale en cette
ville-là, que tous les curés se sont unis pour lui
faire imposer silence, et l'obliger à rétracter sa
doctrine par les voies canoniques. L'affaire en est à
l'Officialité.

Que voulez-vous donc dire, mes Pères? Comment
entreprenez-vous de soutenir après cela "qu'aucun
Jésuite n'est d'avis qu'on puisse tuer pour des médisances"? Et falloit-il autre chose pour vous en convaincre que les opinions mêmes de vos Pères que vous
rapportez, puisqu'ils ne défendent pas spéculativement de tuer, mais seulement dans la pratique, "à
cause du mal qui en arriveroit à l'État"? Car je vous
demande sur cela, mes Pères, s'il s'agit dans nos disputes d'autre chose, sinon d'examiner si vous avez
renversé la loi de Dieu qui défend l'homicide. Il n'est
pas question de savoir si vous avez blessé l'État, mais
la religion. A quoi sert-il donc, dans ce genre de
dispute, de montrer que vous avez épargné l'État,
quand vous faites voir en même temps que vous avez
détruit la Religion, en disant, comme vous faites,
p. 28, l. III, "que le sens de Reginaldus sur la question
de tuer pour des médisances, est qu'un particulier a
droit d'user de cette sorte de défense, la considérant
simplement en elle-même"? Je n'en veux pas davantage que cet aveu pour vous confondre. "Un
particulier, dites-vous, a droit d'user de cette défense,"
c'est-à-dire de tuer pour des médisances, "en considérant la chose en elle-même"; et par conséquent,
mes Pères, la loi de Dieu qui défend de tuer est ruinée
par cette décision.

Et il ne sert de rien de dire ensuite, comme vous faites, "que cela est illégitime et criminel, même selon la Loi de Dieu, à raison des meurtres et des désordres qui en arriveroient dans l'État, et qu'on est obligé, selon Dieu, d'avoir égard au bien de l'État." C'est sortir de la question. Car, mes Pères, il y a deux lois à observer : l'une qui défend de tuer, l'autre qui défend de nuire à l'État. Reginaldus n'a pas peutêtre violé la loi qui défend de nuire à l'État, mais il a violé certainement celle qui défend de tuer. Or, il ne s'agit ici que de celle-là seule. Outre que vos autres Pères, qui ont permis ces meurtres dans la pratique, ont ruiné l'une aussi bien que l'autre. Mais allons plus avant, mes Pères. Nous voyons bien que vous défendez quelquefois de nuire à l'État, et vous dites que votre dessein en cela est d'observer la loi de Dieu qui oblige à le maintenir. Cela peut être véritable, quoiqu'il ne soit pas certain ; puisque vous pourriez faire la même chose par la seule crainte des Juges. Examinons donc, je vous prie, de quel principe part ce mouvement.

N'est-il pas vrai, mes Pères, que si vous regardiez véritablement Dieu, et que l'observation de sa loi fût le premier et principal objet de votre pensée, ce respect régneroit uniformément dans toutes vos décisions importantes, et vous engageroit à prendre dans toutes ces occasions l'intérêt de la Religion ? Mais si l'on voit au contraire que vous violez en tant de rencontres les ordres les plus saints que Dieu ait imposés aux hommes, quand il n'y a que sa loi à combattre ; et que, dans les occasions mêmes dont il s'agit, vous anéantissez la loi de Dieu, qui défend ces actions comme criminelles en elles-mêmes, et ne témoignez craindre de les approuver dans la pratique que par la crainte des juges,

ne nous donnez-vous pas sujet de juger que ce n'est
point Dieu que vous considérez dans cette crainte; et
que, si en apparence vous maintenez sa loi en ce qui
regarde l'obligation de ne pas nuire à l'État, ce n'est
pas pour sa loi même, mais pour arriver à vos fins,
comme ont toujours fait les moins religieux politiques?

Quoi, mes Pères! vous nous direz qu'on a droit de
tuer pour des médisances en ne regardant que la loi de
Dieu qui défend l'homicide? Et après avoir ainsi violé
la loi éternelle de Dieu, vous croirez lever le scandale
que vous avez causé, et nous persuader de votre respect envers lui en ajoutant que vous en défendez la
pratique pour des considérations d'État, et par la
crainte des Juges? N'est-ce pas au contraire exciter un
scandale nouveau, non pas par le respect que vous
témoignez en cela pour les Juges; car ce n'est pas cela
que je vous reproche, et vous vous jouez ridiculement
là-dessus, page 29. Je ne vous reproche pas de craindre
les Juges, mais de ne craindre que les Juges, et non
pas le Juge des Juges. C'est cela que je blâme; parce
que c'est faire Dieu moins ennemi des crimes que les
hommes. Si vous disiez qu'on peut tuer un médisant
selon les hommes, mais non pas selon Dieu, cela
seroit moins insupportable; mais que ce qui est trop
criminel pour être souffert par les hommes soit
innocent et juste aux yeux de Dieu qui est la justice
même, qu'est-ce faire autre chose, sinon montrer à
tout le monde que, par cet horrible renversement
si contraire à l'esprit des Saints, vous êtes hardis
contre Dieu, et timides envers les hommes? Si vous
aviez voulu condamner sincèrement ces homicides,
vous auriez laissé subsister l'ordre de Dieu qui les
défend; et si vous aviez osé permettre d'abord

ces homicides, vous les auriez permis ouvertement,
malgré les lois de Dieu et des hommes. Mais, comme
vous avez voulu les permettre insensiblement, et
surprendre les Magistrats qui veillent à la sûreté
publique, vous avez agi finement en séparant vos
maximes, et proposant d'un côté "qu'il est permis,
dans la spéculative, de tuer pour des médisances"
(car on vous laisse examiner les choses dans la spéculation), et produisant d'un autre côté cette maxime
détachée, "que ce qui est permis dans la spéculation
l'est bien aussi dans la pratique." Car quel intérêt
l'État semble-t-il avoir dans cette proposition générale
et métaphysique? Et ainsi, ces deux principes peu
suspects étant reçus séparément, la vigilance des
Magistrats est trompée; puisqu'il ne faut plus que
rassembler ces maximes pour en tirer cette conclusion
où vous tendez, qu'on peut donc tuer dans la pratique
pour de simples médisances.

Car c'est encore ici, mes Pères, une des plus sub-
tiles adresses de votre politique, de séparer dans vos
écrits les maximes que vous assemblez dans vos avis.
C'est ainsi que vous avez établi à part votre doctrine
de la probabilité, que j'ai souvent expliquée. Et ce
principe général étant affermi, vous avancez séparément des choses qui, pouvant être innocentes d'elles-
mêmes, deviennent horribles étant jointes à ce perni-
cieux principe. J'en donnerai pour exemple ce que
vous avez dit page 11, dans vos impostures, et à quoi
il faut que je réponde: "Que plusieurs Théologiens
célèbres sont d'avis qu'on peut tuer pour un soufflet
reçu." Il est certain, mes Pères, que, si une personne
qui ne tient point à la probabilité avoit dit cela, il n'y
auroit rien à reprendre, puisqu'on ne feroit alors qu'un

simple récit qui n'auroit aucune conséquence. Mais
vous, mes Pères, et tous ceux qui tiennent cette dan-
gereuse doctrine: "Que tout ce qu'approuvent des
Auteurs célèbres est probable et sûr en conscience,"
quand vous ajoutez à cela, "que plusieurs Auteurs
célèbres sont d'avis qu'on peut tuer pour un soufflet,"
qu'est-ce faire autre chose, sinon de mettre à tous les
Chrétiens le poignard à la main pour tuer ceux qui les
auront offensés, en leur déclarant qu'ils le peuvent
faire en sûreté de conscience, parce qu'ils suivront en
cela l'avis de tant d'Auteurs graves?

Quel horrible langage qui, en disant que des
Auteurs tiennent une opinion damnable, est en même
temps une décision en faveur de cette opinion damnable, et qui autorise en conscience tout ce qu'il ne
fait que rapporter! On l'entend, mes Pères, ce langage
de votre école. Et c'est une chose étonnante que vous
ayez le front de le parler si haut, puisqu'il marque
votre sentiment si à découvert, et vous convainc de
tenir pour sûre en conscience cette opinion, "qu'on
peut tuer pour un soufflet," aussitôt que vous nous
avez dit que plusieurs Auteurs célèbres la soutiennent.

Vous ne pouvez vous en défendre, mes Pères, non
plus que vous prévaloir des passages de Vasquez et de
Suarez que vous m'opposez, où ils condamnent ces
meurtres que leurs Confrères approuvent. Ces témoignages, séparés du reste de votre doctrine, pourroient éblouir ceux qui ne l'entendent pas assez. Mais
il faut joindre ensemble vos principes et vos maximes.
Vous dites donc ici que Vasquez ne souffre point les
meurtres. Mais que dites-vous d'un autre côté, mes
Pères? "Que la probabilité d'un sentiment n'empêche
pas la probabilité du sentiment contraire." Et en un

autre lieu, " qu'il est permis de suivre l'opinion la moins probable et la moins sûre, en quittant l'opinion la plus probable et la plus sûre." Que s'ensuit-il de tout cela ensemble, sinon que nous avons une entière liberté de conscience pour suivre celui qui nous plaira de tous ces avis opposés? Que devient donc, mes Pères, le fruit que vous espériez de toutes ces citations? Il disparoît, puisqu'il ne faut, pour votre condamnation, que rassembler ces maximes que vous séparez pour votre justification. Pourquoi produisez-vous donc ces passages de vos Auteurs que je n'ai point cités, pour excuser ceux que j'ai cités, puisqu'ils n'ont rien de commun? Quel droit cela vous donne-t-il de m'appeler *Imposteur*? Ai-je dit que tous vos Pères sont dans un même déréglement? Et n'ai-je pas fait voir au contraire que votre principal intérêt est d'en avoir de tous avis pour servir à tous vos besoins? A ceux qui voudront tuer on présentera Lessius; à ceux qui ne le voudront pas, on produira Vasquez, afin que personne ne sorte malcontent, et sans avoir pour soi un auteur grave. Lessius parlera en païen de l'homicide, et peut-être en Chrétien de l'aumône: Vasquez parlera en païen de l'aumône, et en Chrétien de l'homicide. Mais par le moyen de la probabilité que Vasquez et Lessius tiennent, et qui rend toutes vos opinions communes, ils se prêteront leurs sentiments les uns aux autres, et seront obligés d'absoudre ceux qui auront agi selon les opinions que chacun d'eux condamne. C'est donc cette variété qui vous confond davantage. L'uniformité seroit plus supportable: et il n'y a rien de plus contraire aux ordres exprès de S. Ignace et de vos premiers Généraux que ce mélange confus de toutes sortes d'opinions. Je vous en parlerai

peut-être quelque jour, mes Pères: et on sera surpris
de voir combien vous êtes déchus du premier esprit
de votre institut, et que vos propres Généraux ont
prévu que le déréglement de votre doctrine dans la
morale pourroit être funeste non seulement à votre
Société, mais encore à l'Église universelle.

Je vous dirai cependant que vous ne pouvez tirer
aucun avantage de l'opinion de Vasquez. Ce seroit
une chose étrange si, entre tant de Jésuites qui ont
écrit, il n'y en avoit pas un ou deux qui eussent dit
ce que tous les Chrétiens confessent. Il n'y a point
de gloire à soutenir qu'on ne peut pas tuer pour un
soufflet, selon l'Évangile; mais il y a une horrible
honte à le nier. De sorte que cela vous justifie si peu
qu'il n'y a rien qui vous accable davantage; puisque,
ayant eu parmi vous des Docteurs qui vous ont dit
la vérité, vous n'êtes pas demeurés dans la vérité,
et que vous avez mieux aimé les ténèbres que la
lumière. Car vous avez appris de Vasquez "que c'est
une opinion païenne, et non pas chrétienne, de dire
qu'on puisse donner un coup de bâton à celui qui a
donné un soufflet; que c'est ruiner le Décalogue et
l'Évangile de dire qu'on puisse tuer pour ce sujet, et
que les plus scélérats d'entre les hommes le reconnois-
sent." Et cependant vous avez souffert que, contre
ces vérités connues, Lessius, Escobar et les autres
aient décidé que toutes les défenses que Dieu a faites
de l'homicide, n'empêchent point qu'on ne puisse tuer
pour un soufflet. A quoi sert-il donc maintenant de
produire ce passage de Vasquez contre le sentiment
de Lessius, sinon pour montrer que Lessius est un
païen et un scélérat, selon Vasquez? et c'est ce que je
n'oserois dire. Qu'en peut-on conclure, si ce n'est

que Lessius *ruine le Décalogue et l'Évangile*? qu'au dernier jour Vasquez condamnera Lessius sur ce point, comme Lessius condamnera Vasquez sur un autre, et que tous vos auteurs s'élèveront en jugement les uns contre les autres pour se condamner réciproquement dans leurs effroyables excès contre la Loi de JÉSUS-CHRIST?

Concluons donc, mes Pères, que puisque votre probabilité rend les bons sentiments de quelques-uns de vos auteurs inutiles à l'Église, et utiles seulement à votre politique, ils ne servent qu'à nous montrer, par leur contrariété, la duplicité de votre cœur, que vous nous avez parfaitement découverte, en nous déclarant d'une part que Vasquez et Suarez sont contraires à l'homicide; et de l'autre, que plusieurs auteurs célèbres sont pour l'homicide: afin d'offrir deux chemins aux hommes, en détruisant la simplicité de l'Esprit de Dieu, qui maudit ceux qui sont doubles de cœur, et qui se préparent deux voies. *Væ duplici corde, et ingredienti duabus viis!*

Cambridge Plain Texts

ENGLISH

BACON. THE ADVANCEMENT OF LEARNING. Book I.

CARLYLE. THE PRESENT TIME.

DONNE. SERMONS XV AND LXVI.

FULLER. THE HOLY STATE (II, 1–15).

GOLDSMITH. THE GOOD-NATUR'D MAN.

HOOKER. PREFACE TO "THE LAWS OF ECCLESIASTICAL POLITY."

JOHNSON. PAPERS FROM "THE IDLER."

MONTAIGNE. FIVE ESSAYS, translated by John Florio.

SPENSER. THE SHEPHEARDS CALENDER.

FRENCH

BOSSUET. ORAISONS FUNÈBRES.

DE MUSSET. CARMOSINE.

DESCARTES. DISCOURS DE LA MÉTHODE. (*in the press*)

DIDEROT. PARADOXE SUR LE COMÉDIEN.

DUMAS. HISTOIRE DE MES BÊTES.

GAUTIER. MÉNAGERIE INTIME.

HUGO, VICTOR. EVIRADNUS, RATBERT (La Légende des Siècles).

LA BRUYÈRE. LES CARACTÈRES, OU LES MŒURS DE CE SIÈCLE.

LAMARTINE. MÉDITATIONS.

MICHELET. SAINT-LOUIS.

MOLIÈRE. L'AMOUR MÉDECIN, LE SICILIEN.

MONTALEMBERT. DE L'AVENIR POLITIQUE DE L'ANGLETERRE.

PASCAL. LETTRES ÉCRITES À UN PROVINCIAL.
(*in the press*)

ITALIAN

ALFIERI. LA VIRTÙ SCONOSCIUTA.

GOZZI, GASPARO. LA GAZZETTA VENETA.

LEOPARDI. PENSIERI.

MAZZINI. FEDE E AVVENIRE.

ROSMINI. CINQUE PIAGHE.

SPANISH

CERVANTES. RINCONETE Y CORTADILLO.

CERVANTES. PROLOGUES AND EPILOGUE.

ESPRONCEDA. EL ESTUDIANTE DE SALAMANCA.

LOPE DE VEGA. EL MEJOR ALCALDE, EL REY.

SIMON BOLIVAR. ADDRESS TO THE VENEZUELAN CONGRESS.

SOME PRESS OPINIONS

"These are delightful, slim little books.......
The print is very clear and pleasant to the
eye....These Cambridge Plain Texts are just
the kind of book that a lover of letters longs
to put in his pocket as a prophylactic against
boredom."—*The New Statesman*

"These little books...are exquisitely printed on
excellent paper and are prefaced in each case by
a brief biographical note concerning the author:
otherwise entirely unencumbered with notes or ex-
planatory matter, they form the most delicious and
companionable little volumes we remember to have
seen. The title-page is a model of refined taste—
simplex munditiis."—*The Anglo-French Review*

"With their admirable print, the little books do
credit to the great Press which is responsible for
them."—*Notes and Queries*

"The series of texts of notable Italian works
which is being issued at Cambridge should be
made known wherever there is a chance of studying
the language; they are clear, in a handy form, and
carefully edited....The venture deserves well of
all who aim at the higher culture."—*The Inquirer*

www.ingramcontent.com/pod-product-compliance
Ingram Content Group UK Ltd.
Pitfield, Milton Keynes, MK11 3LW, UK
UKHW042148280225
455719UK00001B/180

9 781107 633605